Carl Ludwig Grotefend

Die Stempel der römischen Augenärzte

Carl Ludwig Grotefend

Die Stempel der römischen Augenärzte

ISBN/EAN: 9783744671330

Hergestellt in Europa, USA, Kanada, Australien, Japan

Cover: Foto ©berggeist007 / pixelio.de

Weitere Bücher finden Sie auf **www.hansebooks.com**

DIE STEMPEL

DER

RÖMISCHEN AUGENÄRZTE

GESAMMELT UND ERKLÄRT

VON

DR. C. L. GROTEFEND.

HANNOVER.

HAHN'SCHE HOFBUCHHANDLUNG.

1867.

Schrift und Druck von Fr. Culemann in Hannover.

Vorwort.

In keiner besonderen Gattung der römischen Alterthümer
haben die letzten Jahre mehr Ausbeute geliefert, als in
den Stempeln römischer Augenärzte, theilweise allerdings
durch neue Funde, theilweise aber auch durch Hervor-
ziehen längst dagewesener, aber nicht beachteter oder
ganz unbekannt gebliebener Exemplare. Da nun in einem
jeden solchen speciellen Fache mit der Zahl der Gegenstände auch die richtige Erkenntniss derselben zu wachsen
pflegt, und da gerade dem Ueberblick über die Gesammt-
masse des Vorhandenen ein besonderes Interesse bei-
wohnt, so möchte es nunmehr, wo die Zahl der bekannten
Augenarztstempel mehr als das Doppelte der in den an-
gehenden Funfziger-Jahren bekannt gewesenen beträgt,
wohl an der Zeit sein, sie an einem Orte zusammenzu-
stellen und nach dem jetzigen Standpunkte unseres Wissens
zu besprechen; ja es dürfte eine solche Zusammenstellung
und Behandlung von Seiten eines Archäologen auch dann
nicht überflüssig erscheinen, wenn auch die von einem
rühmlichst bekannten Augenarzte, Herrn Dr. Sichel zu
Paris, schon lange versprochene Monographie [1]) nunmehr

---

[1]) Schon im Jahre 1851 veröffentlichte Herr Dr. Sichel ein
Bruchstück dieser Monographie in der *Union médicale* (n. 104, vom
2. Sept.), die auch in den *Annales d'oculistique* Bd. XXVI. Aufnahme fand. Beide Abdrücke sind mir damals leider unbekannt
geblieben.

1

der Publication wirklich näher gerückt sein sollte. Es berühren sich nun einmal zwei ganz heterogene Wissenschaften in diesen Augenarztstempeln; die Epigraphik allein kann eben so wenig zu der Erklärung derselben genügen, als die Augenheilkunde allein oder das noch so gründliche Studium der alten Mediciner. Nur ein gemeinschaftliches Zusammenwirken des Epigraphikers und des Ophthalmikers kann hier zu einem befriedigenden Resultate führen. Die Erkenntniss dieser Wahrheit scheint Herrn Dr. Sichel bei der Veröffentlichung seines *„Nouveau recueil de pierres sigillaires d'oculistes romains pour la plupart inédites,"* einer Schrift, die in dem zweiten Semester des Jahres 1866 in T. LVI. der zu Brüssel erscheinenden *Annales d'oculistique* (p. 97—132 und 216—297) als Fragment der versprochenen Monographie abgedruckt und auch in Sonderabdrücken ausgegeben ist, nicht klar genug vorgeschwebt zu haben; er würde sonst verschiedene Irrthümer in derselben nicht wieder vorgebracht haben, die von mir schon längst beseitigt waren. Wir Archäologen kümmern uns nicht darum, welchem Fache derjenige angehört, dem wir die Kenntniss von etwas Wissenswerthem verdanken; wir sind dem Arzte von Herzen dankbar für die Fingerzeige, die er uns aus dem Schatze seines Wissens behuf Erklärung medicinischer Inschriften bietet; nur sind wir in Dingen, die wir aus unserer Erfahrung besser beurtheilen können, unzugänglich für *„quaecunque delicta a medicis"*, deren Existenz die Herren Aerzte allerdings nicht gern zugeben zu wollen scheinen [2]); und gerade darum ist es besonders wichtig, dass auch einmal ein Epigraphiker den Gesammtvorrath der römischen Augenarztstempel einer eingehenden Besprechung unterzieht.

---

[2]) Vgl. die Erläuterungen zu dem Augenarztstempel n. 53.

Bevor ich aber die Beschreibung und Besprechung der einzelnen Stempelinschriften beginne, wird es angemessen sein, Einiges über die Beschaffenheit der Stempel selbst, über deren Fundort und Literatur etc. vorauszuschicken, um nicht später wiederholt in die Lage zu kommen, über diese allgemeinen Gegenstände mich zu äussern.

Die grosse Mehrzahl der römischen Augenarztstempel besteht aus quadratischen Plättchen oder Täfelchen von Serpentin, Nephrit oder Schiefer [3]), an deren schmalen Seiten — meistentheils an allen vieren — eine zweizeilige, seltener eine einzeilige Inschrift sich befindet, die den Namen eines Augenarztes, das Mittel und mitunter auch dessen Anwendung angiebt. Nur ein Stempel (n. 23) weicht ganz von dieser Weise ab, indem er auf einer rundabgeschnittenen Fläche in fünf Zeilen die Legende giebt; zwei Stempel (n. 31 und 97) sind dreizeilig. Häufiger finden sich nur drei oder zwei oder gar nur eine Seite dee Plättchens beschrieben. Wenige Stempel haben nur die Namen der Mittel ohne Angabe des empfehlenden Arztes (n. 68, 103 —108). Der Name des Arztes wird übrigens meistentheils mit Praenomen, Nomen

---

[3]) Merkwürdig muss es erscheinen, dass keiner der Augenarztstempel in Bronce oder in Eisen gearbeitet ist, während umgekehrt die gleichartigen Siegel, die keine Augenarztstempel sind, aus Metall gemacht sind. Ich verweise rücksichtlich der Letzteren hier nur beispielsweise auf Mommsen's Inscr. regni Neapol. n. 6310 und Janssen's Inscriptiones musei Lugduno-Batavi n. 343 ff. Ist doch sogar die, wenn auch sonderbare, doch weder von Orelli noch von Henzen beanstandete, sechseckige Tessera mit der Inschrift: SIBILLA ᵥ VNGVENTARIA ‖ LIBERTA ᵥ SEPT ᵥ SEVERI ᵥ IMPE ᵥ VENDIT|CROCO-MAGMA ᵥ IN 𝌆𝌆𝌆𝌆 RHISPIA. (Schönwisner, Antiqq. Sabar. p. 42. Orelli n. 4991) von Bronce.

und Cognomen [4]) angeführt, und steht der Natur der
Sache nach stets im Genitiv. Manche der Namen stimmen
mit solchen überein, die uns von den alten medicinischen
Schriftstellern oder auf Inschriften genannt werden; ob
aber dadurch auch dieselben Personen bezeichnet werden
sollen, ist eine Frage, die ich nicht unbedingt bejahen
möchte [5]); ich verweise desshalb auf die unten aufgeführten
Fälle (zu n. 2, 9, 18, 22, 28, 29, 31, 41, 43, 46, 65, 77,
81, 83, 92). Wäre der eine oder andere dieser Fälle
sicher constatirt, so würde man über die Zeit, welcher
die Augenarztstempel angehören, mit etwas mehr Be-
stimmtheit sprechen können, als es jetzt der Fall ist.
Ich hatte früher aus der Form der Buchstaben, aus der
Orthographie und namentlich aus den Namen der Aerzte
selbst (die Namen Julius und Claudius sind mehrfach
vertreten, die der späteren Kaiser Sulpicius, Vitellius,
Flavius, Aelius, und Ulpius kommen nur ein- oder
zweimal vor, ein Aurelius, Septimius u. s. w. fand
sich gar nicht darunter) geschlossen, dass sie aus dem
ersten und der ersten Hälfte des zweiten Jahrhunderts
der christlichen Zeitrechnung herrühren. Nach dem Funde
zu St.-Privat-d'Allier (im Depart. Haute-Loire), welcher,
neben einem Stempel (n. 80) und einer Anzahl chirurgischer
Instrumente, auch die Scherben einer Urne und 17 römische
Münzen, deren jüngste vom Kaiser Gallienus ist, geliefert
hat, und da auch der Name Valerius, der erst seit
Diocletianus gewöhnlicher geworden ist, in starker Ab-

---

[4]) Das Cognomen hält Janssen (Revue archéologique VI.
S. 578 f.) für den Namen des Vaters. Es würde dies bei einer
griechischen Inschrift ganz angemessen sein; auf einer römischen
Inschrift würde die Auslassung des *Filius* befremden müssen.

[5]) Wie Schreiber in den Mittheilungen des hist. Vereins für
Steiermark, VI. S. 74 fg. zu thun geneigt scheint.

kürzung (VAL.) sich auf einem der Stempel gezeigt hat,
scheint eine Anzahl der Stempel doch bedeutend tiefer
hinabzureichen.

Noch eine andere Bemerkung knüpft sich an die
Namen der Augenärzte. Während wir schon aus den
Kaisernamen Julius, Claudius u. s. w. auf Leute aus
dem Stande der Freigelassenen schliessen können, werden
wir in dieser Vermuthung noch bestärkt, wenn wir die
Cognomina dieser Leute beachten. Fast die Hälfte der-
selben ist griechischen Ursprungs. Ein Ablaptus,
Alexander, Attalus, Atticus, Barbarus, Carpus,
Charito, Ctet...., Dedemo, Dionysodorus,
Docilas, Entimus, Epictetus, Euelpistus,
Glyptus, Heliodorus, Heracles, Herestratus,
Hypnus, Isidorus, Libycus, Menander, Musicus,
Orgilus, Philinus, Philumenus, Phronimus,
Polytimus, Satyrus, Symphorus, Taurus, Theo,
Theophiles haben wenig Anspruch auf Anerkennung
freier Geburt. Es sind Sklavennamen, die den Freige-
lassenen oder meinethalben deren Kindern geblieben sind.
Ein anderer Theil der Nomina und Cognomina der Augen-
ärzte ist celtischen Ursprungs; dahin gehören Ariovistus,
Cintusminius, Catodus, Divixtus, Murranus.
Auch die Eigenthümer dieser Namen können nur An-
spruch auf niedere Herkunft machen.

Dass übrigens diese Stempel zur Bezeichnung der
verschiedenen Augensalben und sonstiger Mittel gegen
Augenkrankheiten dienten, die auf ihnen genannt werden,
leidet keinen Zweifel. Wozu sollten sie sonst als Stempel
(mit verkehrten Buchstaben, die erst durch den Abdruck
ihre rechte Form erhalten) geschnitten sein? Warum sie
aber fast durchweg in der langen viereckigen Form geschnitten sind, hat man längere Zeit hindurch nicht begreifen können. Wenn sie dazu dienen sollten, auf das

Schlusswachs der Flaschen gedrückt zu werden, würde ein runde Form weit passender für sie gewesen sein, und dass die Alten für die gewöhnliche Form dieser Stempel einen andern Grund gehabt haben, als etwa lediglich die Nachahmung der wegen der Gestalt der zu verschliessenden Schreibtafeln ähnlich geformten Privatsiegel, daran konnte man nicht zweifeln. Erst ein vor einigen Jahren zu Reims gemachter Fund hat völligen Aufschluss darüber gegeben. Man entdeckte nämlich zu Reims in offenbar römischen Ruinen eine Sammlung von 18 chirurgischen Instrumenten aus Bronce, eine kleine Waage, Pincetten, Spateln, Scalpelle u. dgl., und dabei neben einem Augenarztstempel (n. 87) und Münzen aus der Zeit des Antoninus eine Anzahl von Fragmenten trockener Collyrien (etwa 40 Grammen am Gewicht). Die letzteren sind kleine, 6 bis 8 Millimeter auf der Oberfläche breite, viereckige Stäbchen *(petits pains allongés)*, deren Länge wegen des fragmentarischen Zustandes der gefundenen Exemplare nicht angegeben werden kann, aber über die Länge der bekannten Augenarztstempel nicht hinausgegangen zu sein scheint [6]. Auf diese Stäbchen war der Name des Collyriums aufgedrückt, und aus diesem Gebrauche erklärt sich die längliche Form der Stempel.

Aus der oben angegebenen Anwendung der Stempel erklärt sich aber zugleich auch eine andere Sonderbarkeit, die früher gar Manchem zu Bedenken Ursache gegeben hat, dass nämlich unter den Hunderten von Heilmitteln, welche in dem Verlaufe unserer Untersuchungen als auf dergleichen Stempeln verzeichnet werden aufgeführt werden, nicht eins ist, das zu andern Zwecken diente, als

---

[6] S. den Auszug aus dem Berichte der Chemiker Baudrimont und Duquénelle in dem *Journal de Pharmacie et de Chimie, Janv. à Juillet* 1863, bei Sichel in den *Annales d'oculistique* LVI. S. 255 f.

gegen Augenkrankheiten, dass nicht auch andere Wundsalben, Pflaster u. dgl. auf ähnliche Weise bezeichnet und gegen Verfälschung oder Verwechselung gesichert wurden. Dergleichen Mittel konnten nicht in der Gestalt länglicher Stäbchen dargestellt werden, wie die ξηροκολλύρια, deren Namen eben ihrer trockenen Aufbewahrung halber häufig gleich die Art ihrer Auflösung EX˅OVO, E˅Lacte, EX˅AQua hinzugefügt wird.

Dass übrigens die Aufbewahrung der Collyrien in solchem trockenen Zustande die gewöhnlichere war, konnten wir schon daraus schliessen, dass bei den vielen Recepten der Alten der Zusatz: in pyxidicula servatur oder ἀνελόμενος εἰς πυξίδα χαλκὴν, πρινίνην, κερατίνην u. dgl. ausserordentlich selten ist, dagegen die Zusätze: ἡ χρῆσις δι᾽ ᾠοῦ, oder διὰ γάλακτος, oder οἴνῳ Φαλερίνῳ, ὄξει δριμυτάτῳ, ὕδατι ὀμβρίῳ ἀναλάμβανε und Aehnliches die Regel bilden.

Was die Fundorte der Stempel anbetrifft, so ist schon mehreren Alterthumsforschern aufgefallen, dass dieselben sich auf die römischen Provinzen des Occidents beschränken und zwar hauptsächlich den germanischen, gallischen und britannischen Provinzen angehören. Ein Stempel unter den 112, die bis jetzt bekannt geworden sind, ist in Dacien gefunden (n. 7), einer soll aus Corsica (n. 84), einer aus Ligurien (n. 13), einer aus Gallia Cisalpina stammen (n. 43), und nur einer wird uns aus dem eigentlichen Italien, aus Siena, vorgeführt (n. 2), wozu noch einer kommt, der, obwohl in Wiesbaden gefunden, doch auf der Platte mit ROMA bezeichnet ist (n. 63). Eine andere Ausnahme von der Regel machen noch zwei ausserhalb des römischen Reiches gefundene Stempel, da der eine (n. 78) in der Nähe von Jena, der andere bei Goldenbridge in Ireland ausgegraben ist. Ich bekenne gern, dass ich den Grund einer solchen sonderbaren Regelmässigkeit in Hinsicht auf die Fundorte nicht klar einsehe; ehe ich jedoch mit

verschiedenen älteren und neueren Gelehrten mich dazu
verstehen könnte, die grössere Verbreitung der Augenarztstempel in den bezeichneten Gegenden den römischen
Heeren zuzuschreiben [7]), würde ich lieber noch annehmen,
dass sie mit dem dort bequemeren und einträglicheren
Vertriebe der Quacksalbermittel zusammenhinge, womit
die weniger gewitzigten Provinzialen und meinethalben
auch die einfacheren Soldaten leichter anzuführen waren,
als die schlauen Italiener [8]). Auf den Vertrieb der Mittel
beziehe ich auch die auf den Stempeln mitunter sich
findenden Eigennamen ohne beigefügte Heilmittel; sie
bezeichneten eben den Händler, nicht den Erfinder des
Mittels [9]); vgl. die Bemerkungen zu n. 32, 62 und 63.

Eine andere bei verschiedenen Stempeln auffallende
Eigenthümlichkeit darf hier nicht unbeachtet bleiben.
Wie schon das Vorkommen mehrerer Augenarztnamen
auf demselben Stempel entweder eine Association unter
mehreren Augenärzten oder die Abtretung des Mittels an
einen andern Augenarzt vorauszusetzen scheint, so wird
aus den fast ausgelöschten Inschriften einzelner Seiten
von Stempeln (z. B. auf n. 5, 25, 32, 39 und 77), sowie
aus den durch Ziehen von Linien schon zur Aufnahme
neuer Inschriften vorbereiteten Seiten anderer (z. B. n. 87

---

[7]) Dass auch in römischen Lagern dergleichen Stempel gefunden
werden, ist eben so wenig ein schlagender Beweis hiervon, als der
Name des *Stratioticum* auf n. 93 oder der in der Erläuterung zu
n. 44 erwähnte Augenarzt der britannischen Flotte.

[8]) Daher vielleicht auch die gallischen und germanischen Namen
einiger Aerzte, von denen oben schon geredet ist.

[9]) Nur zu diesen Händlern kann also wohl der: C·LVC·SABIN·
(etwa *C. Lucilius Sabinus*, wie S i c h e l in den *Annales d'oculistique*
LVI. S. 294 liest, oder auch *C. Luccius Sabinianus* etc.) gehören,
dessen Namen auf einem zu Besançon mit n. 28 zusammen gefundenen
Serpentin eingeschnitten ist.

u. 95) ein Beweis von einem öftern Wechsel in den Mitteln
nicht nur, sondern auch in den gepriesenen Augenärzten
selbst vermuthet. Daher erklärt man sich auch mit Recht,
dass öfter die Inschriften einzelner Seiten von anderer
Hand, mitunter weit schlechter eingegraben sind, als die
der andern desselben Stempels (so auf n. 35, 40 u. 47).
Wenn in dem Obigen nur von den Inschriften der
Augenarztstempel die Rede gewesen ist, wie sie sich
theils auf den Stempeln selbst, theils auf festen Collyrien
gefunden haben, so bleibt uns nun noch übrig, zweier
Inschriften zu gedenken, die man Gefässen entnommen
hat und die also nicht die Namen fester, sondern flüssiger
Collyrien enthalten. Die Inschrift n. 51 befindet sich auf
dem Boden eines rothen Thongefässes und ist ein sicheres
Beispiel dieser Art; nicht ganz so sicher ist die n. 27,
denn ich weiss nicht, ob man es als Probe der Anwendung eines Stempels gelten lassen will, wenn ein rechtläufig geschnittener, also nicht zum Abdrucke bestimmter
Stempel auf einem Thongefässe so vielmal eingedrückt
ist, dass er auf den noch vorhandenen Bruchstücken
desselben viermal erscheint. Zu dieser Art von Stempeln
könnte auch der runde Stempel n. 23 gehört haben, wenn
derselbe nicht etwa lediglich zum Aufdrücken auf das
Schlusswachs von Gefässen gebraucht worden ist; denn
im Allgemeinen scheinen die Töpferstempel von Metall
gearbeitet worden zu sein.

Die Literatur der Augenarztstempel hier vollständig
aufzuführen, etwa wie es im Jahre 1855 Schreiber in
den Mittheilungen des historischen Vereins für Steiermark
VI. S. 64 ff. gethan, würde überflüssig sein, da bei jedem
einzelnen Stempel doch eine möglichst vollständige Nach-
weisung der Werke' gegeben werden soll, in welchen
derselbe publicirt ist; indess dürfte doch eine Uebersicht
derjenigen Schriften hier an ihrer Stelle sein, welche in

dem Sammeln der zerstreuten Stempel mir vorausgegangen sind. Die einzelnen Stempel bei S m e t i u s, S p o n, M u r a t o r i, M a f f e i, C h i s h u l l, D u n o d und Anderen sammelten zuerst, unabhängig von einander, C a y l u s in dem *Recueil d'Antiquités* Th. I., S. 225 ff. und W a l c h in einer 1763 zu Jena herausgegebenen Abhandlung: „*Sigillum medici ocularii Romani nuper in agro Jenensi repertum et observationibus illustratum; accedunt reliqua sigilla et inscriptiones medicorum oculariorum veterum.*" Eine vermehrte Aufzählung lieferte der Letztere in seinen *Antiquitates medicae selectae* (Jenae, 1772), und zwei Jahre später S a x i u s in seiner „*Epistola ad Henricum van Wyn de veteris medici ocularii gemma sphragide, prope Trajectum ad Mosam nuper eruta. Alii simul duodeviginti ejus generis lapilli, quotquot adhuc in notitiam hominum venerunt, recensentur et illustrantur*" (Trajecti ad Rhenum, 1774). Um einige in England gefundene Stempel vermehrt erschienen dieselben in G o u g h's „*Observations on certain stamps or seals used anciently by the oculists*", in der Archaeologia Th. IX. S. 227 ff. — T ô c h o n d'A n n c e y gab alsdann in seiner „*Dissertation sur l'inscription grecque* IACONOC ΛΤΚΙΟΝ, *et sur les pierres antiques qui servaient de cachets aux médecins oculistes*" (Paris, 1816) dreissig solcher Siegel [10] und Dr. S i c h e l „*Cinq cachets inédits de médicins-oculistes Romains*" (*Extrait de la Gazette médicale de Paris*, 1845, n. 38 und

---

[10] Um unnöthige Weitläufigkeit zu vermeiden, habe ich in der nachfolgenden Zusammenstellung der Augenarztstempel die Anführung der Citate aus Caylus, Walch, Saxius und deren Vorgängern, wenn nicht besondere Gründe dafür sprechen, weggelassen, die Schriftsteller des 19. Jahrhunderts dagegen, welche Augenarztstempel geben, alle citirt, soweit sie mir zugänglich gewesen. Um so mehr kann ich mich bei der Literatur der Augenarztstempel in diesem Vorworte auf die hauptsächlicheren Leistungen beschränken.

39) [11]) vermehrte diese Zahl durch Hinzuzählung der von ihm und Anderen vor ihm edirten Siegel auf 47, Duchalais in seinen „Observations sur les cachets de médecins-oculistes anciens", welche im Jahre 1846 in den „Mémoires des antiquaires de France" Th. XVIII. S. 159 ff. erschienen, sogar schon auf 52. — A. Way's „Notice of a stamp used by a Roman oculist or empiric, discovered in Ireland," in dem Archaeological journal Th. VII. [12]), Simpson's „Notices of ancient Roman medicine-stamps, found in Great Britain," in dem Monthly journal of medical science, Januar und März 1861 [13]), H. Schreiber's Abhandlung „Ueber die Siegelsteine alter Augenärzte überhaupt und den neuentdeckten Riegler Siegelstein insbesondere" in den Mittheilungen des historischen Vereins für Steiermark VI, S. 63 ff., sowie eine Abhandlung von mir „Ein Stempel eines römischen Augenarztes" in Epigraphisches I. (Hannover, 1857) [14]) fügten der Anzahl der bekannten Augenarzt· stempel nur einzelne neue Exemplare hinzu. Meine Zusammenstellung der sämmtlichen mir bekannt gewor-

---

[11]) Uebersetzt von Dr. Leuthold im Journal für Chirurgie und Augenheilkunde, herausg. von Dr. Ph. von Walther und Dr. von Ammon. Berlin 1846, V, 3. S. 337 ff.

[12]) Uebersetzt in den Jahrbüchern des Vereins von Alterthumsfreunden im Rheinlande XX, S. 171 ff.

[13]) Bei meiner ersten Zusammenstellung der römischen Augenarztstempel im *Philologus* XIII, S. 122 ff. musste ich leider bedauern, die erste Abtheilung dieses Aufsatzes nicht gesehen zu haben; jetzt kenne ich wenigstens die Uebersetzung davon in den *Annales d'oculistique publiées par le Dr. Cunier.* T. XXVI. *Bruxelles* 1851, der auch die Kupfertafeln des Originals beigegeben sind.

[14]) Wieder abgedruckt in den Mittheilungen der k. k. Central-Commission zur Erforschung und Erhaltung der Baudenkmale. 1858, S. 51 ff.

denen Augenarztstempel im *Philologus* XIII, S. 122 ff.,
XIV, S. 627 ff., XXV, S. 153 ff. brachte die Anzahl
auf 86, welche nun durch Sichel's oben schon erwähnten „*Nouveau recueil de pierres sigillaires d'oculistes
romains pour la plupart inédites, extrait d'une monographie
inédite de ces monuments épigraphiques,*" im zweiten
Semester des Jahres 1866, Th. LVI der *Annales d'oculistique,*
S. 97—132 und 216—297[15]), auf 112 angewachsen ist[16]).

Bei der Anordnung der Stempel befolgten die früheren
Sammler entweder gar kein System, oder sie hielten sich,
einigermassen wenigstens, an die Chronologie der Auffindung oder Veröffentlichung der Stempel. Mir scheint
es der besseren Uebersichtlichkeit wegen rathsamer, die
Stempel alphabetisch nach den Familiennamen der Augenärzte oder, wenn die Mittel eines Stempels verschiedenen
Augenärzten angehören, eines derselben auf einander folgen
zu lassen.

Noch eine Bemerkung habe ich den Beschreibungen
der Stempel vorauf zu senden. Gemeiniglich habe ich
die *literae ligatae* der Stempel im Drucke nicht wieder-
gegeben, sondern aufgelöst; nur da, wo die Kenntniss
der Ligatur zur Kritik nothwendig ist, habe ich dieselbe
beibehalten.

---

[15]) Es ist sehr zu bedauern, dass Herr Dr. Sichel diesen werth-
vollen Aufsatz, der seinem grössten Theile nach schon vor vielen
Jahren ausgearbeitet ist, jetzt, ohne die neueren Erscheinungen in
diesem Fache gehörig zu benutzen, fast unverändert aus Licht gegeben hat.

[16]) Wenn die Zahl der unten aufgeführten Stempel nur bis zu
n. 111 fortläuft, so hat das darin seinen Grund, weil ich den erst
kurz vor dem Abdruck mir bekannt gewordenen Lyoner Stempel
n. 29b) nicht gut mit fortlaufender Zahl einordnen konnte.

Die Augenarztstempel.

1. M. A. C. *Bayeux* (Normandie).

MᵛAᵛCᵛDIACE.

DIC.

MᵛAᵛCᵛISOCRY.

DIA.

Rever, Mémoire sur les ruines de Lillebonne. Evreux 1824. S. 40 und 53. — Eloi Johanneau in Bottin's Mélanges d'archéol. S. 110. — Duchalais in den Mémoires de la société des antiquaires de France XVIII, S. 213. — Grotefend im Philologus XIII, S. 127, n. 1. — Siehel in den Annales d'oculistique LVI, S. 289.

Der Stempel weicht von der gewöhnlichen quadratischen Form der Augenarztstempel insofern ab, dass er zwei längere Seiten und zwei ganz schmale Seiten hat; auch giebt er die Inschriften, die sonst auf zwei Zeilen vertheilt sind, in einer Zeile und kürzt desshalb die Namen des Augenarztes so sehr ab, dass wir nur die drei Anfangsbuchstaben derselben erhalten. — Von den auf demselben verzeichneten Mitteln ist das erste, das von den früheren Herausgebern DIAGE gelesen war, ohne Zweifel DIACE*ratos* zu lesen. Es ist das διὰ κέρατος, so von dem dazu verwandten Hirschhorn genannt; s. Celsus VI, 6, 16; Galen. de compos. medicam. secundum locos IV. Th. XII, S. 722 und 762 ed. Kühn.; Paul. Aegineta III, 22. VII, 16; Nicol. Myreps. XXIV, 12. 24; Aëtius II,

3, 112. Das zweite kann kein anderes sein, als das DIC*entetum*, das wir auf dem Stempel n. 38 näher kennen lernen werden. Ueber das ISOC*h*RY*sum* ist Galenus a. a. O. Theil XII, S. 785 und Wesseling in den Actis societ. lat. Jen. III, S. 50 zu vergleichen. Nur das vierte Mittel bleibt uns unklar, indem es bei der unangemessenen Abkürzung seines Namens eben sowohl DIA*lepidos*, als DIA*libanu*, DIA*misyos*, DIA*psoricum*, DIA*rhodon*, DIA*smyrnes* u. s. w. sein kann. Dieselbe Abkürzung werden wir auf dem Stempel n. 76 wieder finden.

2. Publius Aelius Theophiles. *Siena.*

P˅AEL˅THEOPHILETIS ‖ COENON˅AD˅CLAR.
P ˅ AEL ˅ THEOPHILETIS ‖ STACTUM ˅ AEL.

Muratori, Nov. Thes. inscr. 508, 4. — Gough in Archaeologia Britann. IX, S. 235. — Tôchon d'Annecy, Dissertat. sur l'inscr. grecque IACONOC ΛTKION etc. n. 6. — Grotefend im Philologus XIII, S. 127, n. 2.

Gruter 635,6 hat eine zu Brescia gefundene Grabschrift: D ˅ M ‖ THEOPHILETIS ‖ MEDICI ‖ SEVERA ˅ MARITO ‖ CARISSIMO. Da der Name Theophiles im Ganzen zu den seltneren gehört[1]), kann man, trotz des Mangels des Vornamens und Namens in der Grabschrift, an eine Identificirung beider Personen denken; nennt sich doch auch seine Gattin, die doch gewiss auch zwei Namen hatte, in derselben Grabschrift nur Severa. — Was die Mittel anbetrifft, welche der Stempel anpreiset, so widerspricht das erste gewisser Massen seinem Namen. Das

---

1) Bei Pausan. VI, 13, 6 findet sich ein Ἀριστίων Θεοφίλους; den Genitiv Theophiletis kenne ich nur aus den beiden obigen Inschriften. Wir werden später auch den Genitiv Heracletis kennen lernen, der gleichfalls nur auf römischen Inschriften vorzukommen scheint.

COENON, κοινόν, bezeichnet ein allgemein bekanntes
Mittel; wir finden dasselbe aber bei den alten Schriftstellern, wenn wir von einer nicht ganz passenden Stelle
bei Aëtius II, 3, 48 absehen, nicht erwähnt; nur die
Stempel n. 20, 91 und 95 nennen es und zwar stets mit
der griechischen Endung, die man offenbar beibehielt,
um eine Verwechselung mit dem Lateinischen *coenum*,
d. i. Koth oder Unflath, zu vermeiden. — Das STACTVM
wird häufig als Augenheilmittel erwähnt; vergl. ausser
den Stempelinschriften Scribonius de compos. medica-
mentorum 34 und Marcellus Empiricus c. 8. Es hatte
den Namen entweder — und das ist am wahrschein-
lichsten — von dem tropfenweisen Einflössen desselben [2],
oder von der σταχτή, dem Myrrhenöl, aus welchem es bereitet
wurde; τὸ διὰ τῆς σταχτῆς σμύρνης führt Galenus a. a. O.
Th. XII, S. 725 an. Ob der Beisatz AEL*ianum* richtig gelesen
sei, lasse ich dahin gestellt sein; nach den sonst gewöhnlichen Bezeichnungen dieses Collyriums sollte man AD˅
CL*aritatem* vermuthen; möglich wäre auch der Zusatz
E˅L*acte*, über welchen ich auf die Erläuterungen zu n. 76
verweise.

3. . . . . Antistius. *Mandeure* (bei Mümpelgard).

I˅ANTIST˅OMLE ‖ AD˅ASPRITVDIN.

Sichel in den Annales d'oculistique LVI, S. 265 ff.
Dieser kleine Stein ist 1863 bei den Ausgrabungen
der Société d'émulation in den Ruinen von Mandeure
gefunden und von Herrn Wetzel dem Herrn Dr. Sichel
mitgetheilt. Der Erstere glaubt in der scheinbaren Verbindung des M und L in der ersten Zeile ein V zu er-

---

[2] Dafür spricht auch das Ἔνσταχτον Παχχίου, ein *Stactum Paccianum*, das Galenus a. a. O. Th. XII, S. 782 anführt.

blicken und liest OMVLE*tum,* welches Wort er für einen
Irrthum des Graveurs anstatt AMVLE*tum* nimmt und das
ihn an das *Carmen Quintiliani* des Steins von Gotha
(n. 18) erinnert[3]). Indess wie dies *Carmen Quintiliani*
aus einem *Q. Carminius Quintilianus* herausgefabelt ist,
so wird wohl auch das *Amuletum* (oder wohl gar eine
omelette?) des Steines von Mandeure sich in etwas Un-
verfänglicheres auflösen müssen. Herr Sichel hält freilich
die Erklärung des Herrn W e t z e l für *la meilleure qu'on
puisse donner, la seule qu'on puisse admettre, la seule
vraie* und fügt sogar hinzu: *En tout cas, la priorité lui
appartient;* ich lasse ihm gern seine Priorität und würde
mich lieber damit begnügen, meine Zuflucht zu einer
Trennung der vier Buchstaben in drei Worte zu nehmen:
ANTIST*ii* Ocularii Medicamentum LE*ne,* trotz dem dass
sonst die Bezeichnung als Augenarzt zu fehlen pflegt
und die Wortfolge in anderen Inschriften LENE▼*Medicamentum* ist (vgl. n. 10, 31, 69 und 104). Aber ich zweifle
überhaupt an der Richtigkeit der Buchstaben OM, statt
deren der Stein wohl DIA bieten wird. Das *Dialepidos
ad aspritudinem* ist ein so gewöhnliches Mittel (s. n. 14,
42, 49, 65, 76, 83, 90 und 91), dass man sich wundern
muss, dass weder Herr Wetzel noch Herr Sichel auf die
richtige Lesung gekommen sind. — Unerklärt lassen beide
Herren das I vor ANTIST. Diesen Buchstaben *Iulii* zu
deuten, wie es in manchen der unten folgenden Stempel
geschehen muss, ist wegen des folgenden zweiten Gentil-
namens A n t i s t i i nicht besonders empfehlenswerth. Sollte
es nicht etwa ein L oder ein P sein und den Vornamen
enthalten, also L*ucii* oder P*ublii* zu lesen sein?

---

[3]) Herr Dr. S i c h e l vergleicht damit auch die keltische Be-
schwörungsformel bei Marcellus Empiricus c. 8, die J a c o b G r i m m
zuerst gedeutet hat.

4. Lucius Antonius Epictetus. *Bavay* (Départ. du Nord).

L·ANTONI·EPICTETI ‖ DIALEPIDOS·AD·DIA.

L·ANTONI·EPICTETI ‖ STACTVM·AD·CLA.

L·ANTONI·EPICTETI ‖ DIAMISYOS·AD·C.

L·ANTONI·EPICTETI ‖ DIARODON·AD·IMP.

L'Institut. Sect. II, 1837, Nr. 19, p. 111. — B e ck e r in den Jahrbüchern für Philol. und Pädag. 1858. LXXVII, S. 588. Heidelberger Jahrbücher 1858, n. 54, S. 850. — Grotefend im Philologus XIV, S. 628, n. 74. Der Name des Arztes, dessen Heilmittel hier verzeichnet sind, bedarf keiner Erläuterung. — Das erste Mittel, *Dialepidos* (διὰ λεπίδος), hatte seinen Namen von seinem Hauptbestandtheile, der λεπίς *(squama ferri* oder *aeris); squama ferri contra epiphoras oculorum assumitur*, sagt Plinius Hist. nat. XXXI, 15, 46; μίγνυται ταῖς ὀφθαλμικαῖς δυνάμεσι· ξηραίνει γὰρ τὰ ῥεύματα, ἀποτήκουσα καὶ τὰ βλέφαρα τὰ τραχέα lehrt Dioscorides Mat. med. V, 89. Ein Recept dieses Collyriums findet sich bei Marcellus Empiricus c. 8, p. 280. Den Stempelinschriften nach wurde es gebraucht *ad cicatrices et scabritiem* (n. 57, 98), *ad aspritudinem* (s. d. zur vorhergehenden Nummer beigebrachten Stellen), *ad claritatem* (n. 18), *ad veteres cicatrices* (n. 25, 79), *ad aspritudinem et cicatrices* (n. 54). Hier haben wir es *ad diatheses*, πρὸς διαθέσεις, d. h. gegen die Affectionen des Auges (vrgl. S i ch e l in den Annales d'oculistique LVI, S. 235 f.) — Ueber das *Stactum ad claritatem* s. die Erläuterungen zu n. 2. — Das dritte Mittel *Diamisyos*, διὰ μίσυος, wurde aus μίσυ, einer nicht völlig sicher zu bestimmenden metallischen Substanz, wahrscheinlich Atramentstein [4]), bereitet; Mar-

---

[4]) Dioscorides Mater. medica V, 116 beschreibt das *misy* wenigstens mit folgenden Worten: χρυσοφανὲς, σκληρὸν, καὶ ἐν τῷ θραυσθῆναι χρυσίζον, καὶ ἀποστίλβον ἀστεροειδῶς.

cellus Empiricus c. 8 lobt es *ad aspritudines oculorum tollendas*. Dass das AD⸓C. in dem Zusatze *ad cicatrices veteres* zu lesen sei, zeigen die Stempel n. 7, 19, 37, 39, 42, 43, 53, 61, 79, 90. — *Diarodon* oder *Diarhodon*, διάῤ-ῥοδον oder διὰ ῥόδων, ist ein aus Rosen bereitetes Colly-rium, wovon verschiedene Recepte bei Galenus Th. XII, S. 765 ff. verzeichnet sind; vgl. Alexand. Trall. II, 1. 7; Paul. Aegin. VII, 16; Oribas. Synops. III, S. 52. Hier dient das Mittel AD⸓IMP*etum* (sc. *lippitudinis)*, wie in n. 93.

5. Lucius Asuetinius Severus und [Sextus] Hirrius Firminus. *Reims.*

L⸓ASVETINI⸓SEVE | RI⸓STACTVM⸓AD⸓C.
[- - - H]IRRI⸓[F]IRMINI | [STACT]VM⸓OPOBALSA.
    Sichel in l'Union médicale 1851, Sept. 2 und Annales d'oculistique XXVI, S. 177 ff., LVI, S. 116 ff.

    Der Name *Asuetinius* (nicht *Asuetinus,* wie Dr. Sichel liest) findet sich, meines Wissens, nicht in alten Quellen, aber einen *Asuetius Felicissimus* haben wir bei Gruter 268, 1 und ein Analogon für den *Asue-tinius* bildet der Name *Mansuetinius.* — Das *Stactum ad claritatem* haben wir schon in n. 4 gesehen; in Hin-sicht auf n. 22 und 97 könnte man auch *ad caligines* ergänzen. — Die Inschrift der zweiten Seite ist in beiden Zeilen vorn unvollständig; sie scheint, wie Dr. Sichel bemerkt, absichtlich zerstört zu sein, vielleicht um für eine andere Raum zu schaffen; daher fehlt bei dem Namen des Augenarztes der Vornamen und ein Theil des Namens, bei dem Namen des Mittels fehlen die Buch-staben STACT. Sichel las anfänglich *Verrii Irmini,* in dem zweiten Abdrucke seiner Erläuterungen denkt er aber auch an einen *Arrius.* Beide Vorschläge gehen von der Annahme aus, dass der erste Buchstabe unrichtig abgeschrieben sei. Dem Gegebenen näher liegt jedenfalls der Name *Hirrius*, da er diese Annahme unnöthig macht. Einen *M. Hirrius Martialis* und einen *M. Hirrius Philadespotus* giebt Mommsen Inscr. regn. Neap. n. 6769, eine *Hirria Tertulla* derselbe n. 1458. Einen *L. Hirrius Latinus* haben wir auch bei Gruter 168, 8, und ebendaselbst 1142, 4 eine *Hirria Felicula*. Auch auf Kellermann's vigilum Romanorum laterculis Coelimontanis finden sich ein *C. Hirrius Lucanus* und drei *C. Hirrius Marcellus*. Es hindert uns also Nichts auch hier einen Augenarzt dieses Namens zu vermuthen [5]). Da in der untern Zeile ein Ausfall von fünf Buchstaben zu bedauern ist, dürfen wir in der oberen nicht viel weniger vermissen. Nehmen wir also die Ergänzung HIRRI für richtig an, so fehlen uns in dem Vornamen wenigstens noch drei Buchstaben, und wir dürfen desshalb wohl an das Praenomen SEXti denken. Auch das Cognomen dieses Mannes macht uns Schwierigkeiten, zumal das erste I nach Herrn Sichel's Angabe *très fruste* ist. Da auf allen Augenarztstempeln, ohne Ausnahme, der Genitiv des Nomens sich auf *i*, nicht auf *ii* endigt, wird auch auf dem jetzt uns beschäftigenden Stempel nur HIRRI als zum Nomen gehörig zu betrachten sein, das darauf folgende I aber schon zum Cognomen gehören, indess vermuthlich ein F gewesen sein, dessen Kopf verletzt ist. Wir erhalten somit statt des ganz unbekannten *Irminus* den ganz gewöhnlichen Namen *Firminus*. Das von ihm herrührende Mittel *Stactum opobalsamatum* werden wir noch öfter auf unsern Stempeln wiederfinden.

---

[5]) Viel seltener sind die Namen *Birrius* (ein *Birrius Martius* bei Brambach Corp. inscr. Rhen. n. 1914) und *Cirrius* (ein *Cirrius Festus* bei Kellermann Vigiles 2, 5, 93), die ich desshalb auch nicht hier vorschlagen mochte.

6. Gajus Atticus, Latinus und Julius. *Dijon.*

CᵛATTICIᵛLATIN | IVLᵛCHELIDON.

LATINIᵛETᵛIVLI | DIABSORICVM.

Comarmond, Musée lapidaire de Lyon p. 423, n. 200. — Grotefend im Philologus XXV, S. 155, n. 81. Dieser zu Dijon gefundene Stempel befindet sich jetzt im Museum zu Lyon, dessen Conservateur die Güte gehabt hat, mir einen Abdruck seiner Inschriften zu senden. Dass derselbe Stein Stempelinschriften mit den Namen verschiedener Augenärzte enthalten konnte, haben wir auf den vorhergehenden Nummern gesehen und werden dieselbe Wahrnehmung noch bei den Nummern 10, 18, 21, 24, 35, 39, 46, 74 und 97 machen. Auf den Stempeln n. 17 und 63 findet sich sogar ein Mittel, das zwei Augenärzten in Gemeinschaft zugeschrieben wird, auf dem einen: CLAVDIORum GALBaneum AD CICATrices, auf dem andern: ETᵛLIVIᵛETᵛMARCIᵛCATVLIᵛATRamentum. Auf dem Dijoner Stempel erscheinen in der zweiten Inschrift ebenfalls zwei Augenärzte als Erfinder des dort genannten *Diapsoricum, Latinus* und *Julius,* und in der ersten Inschrift scheinen sich diese beiden sogar mit einem Dritten, dem *Gajus Atticus,* in Betreff des *Chelidonium* verbunden zu haben. Dass nämlich CᵛATTICI nicht etwa als Praenomen und Nomen zu dem Cognomen LATIN. gehöre, scheint mir aus dem dahinter fehlenden ET hervorzugehen, das doch in der Inschrift der zweiten Seite desselben Stempels nicht weggelassen ist. Wenn ich in dem Obigen als die Nominative der Genitive ATTICI und LATINI die Namen *Atticus* und *Latinus* angenommen habe, so habe ich darin nur der gewöhnlichen Form gehuldigt; auch die Namen *Atticius* und *Latinius* kommen auf Inschriften vor [o]). Ob der *Latinus*

---

[o]) *Atticius Speratus* bei Kellermann Vigiles 12; *P. Atticius Ursio* daselbst 101 a.

oder *Latinius* identiseh mit dem auf n. 96 genannten
L. Valerius Latinus oder aber mit dem auf n. 62 genannten
L. Latinius Quartus sei, ist wohl eben so wenig zu entscheiden, als man bestimmen kann, weleher der vielen
Julii, die wir auf unseren Stempeln als römisehe Augenärzte kennen lernen, der *Julius* unseres Dijoner Stempels
sei, ja ob er überhaupt einer dieser *Julii* sei. — Die
beiden Mittel des Dijoner Stempels sind das *Chelidonium*
und das *Diapsoricum*. · Sehon Plinius Hist. nat. XXV,
8, 50 kennt das Chelidonium als *singulari remedio contra
caligines oculorum;* Galenus Th. XII, S. 783 ed. Kühn.
nennt uns aueh τὸ χελιδόνιον ἐπιγραφόμενον und giebt uns
das Reeept dieses Collyriums. — Die Sehreibart DIA-
BSORICVM für DIAPSORICVM findet sieh aueh auf den
Stempeln n. 13, 32 und 77. Die ψωρικά oder διαψωρικά, die
Mittel gegen die ψώρα βλεφάρων, die *scabrities oculorum*,
spielten eine Hauptrolle unter den Collyrien, nieht bloss auf
den Stempeln der römisehen Augenärzte, aueh bei den alten
medieinisehen Sehriftstellern. Ieh verweise hier nur auf
Galenus Th. XII, S. 717. 788; Celsus VI, 6,31; Dioseor. Mater.
med. V, 116; Seribon. Larg. IV, 32; Mareell. Emp. e. 8; Aëtius
II, 3, 110. Vgl. aueh S i c h e l, Cinq eaehets S. 12. —
Abweiehend von dieser Ansieht urtheilt O s a n n im
Philologus XIV, S. 636 f. über das διαψωρικόν. Aus-
gehend von der Bedeutung der Praeposition διά in den
Benennungen der versehiedenen Collyrien, leitet er διαψωρικόν nieht von ψώρα, *scabrities*, ab, gegen welehe die
Psoriea häufig gebraueht wurden, sondern von ψῶρυ,
einer Nebenform des Wortes σῶρυ (vrgl. Plin. XXXIV,
12, 30; Dioseorides V, 119), her, das ̉er für einen mit
μίσυ verwandten Stoff erklärt. Er führt zur Unterstützung
seiner Ansieht eine Stelle aus einem noeh ungedruekten
grieehisehen Chemiker an, die ieh hier zu wiederholen
nöthig halte, eben weil der Sehriftsteller soust nieht zu-

gänglich ist: Τὴν κινάβαριν λευκην ποίει δι' ἐλαίου, ἢ ὄξους, ἢ μέλιτος, ἢ ἅλμης, ἢ στυπτηρίας· εἶτα ξανθὴν διὰ μίσυος, ἢ σώρυος, ἢ χαλκάνθης, ἢ θείου ἀπύρου, ἢ ὡς ἐπινοεῖς. Auf den ersten Anblick hat das einen Anschein von Wahrheit; es ist aber nur ein Ansehein. Wenn wir bei Galenus Th. XII, S. 786. 788 f. das ψωρικόν als Ingredienz verschiedener gegen die ψώρα angewandter Collyrien genannt finden, so ist eben das διαψωρικόν nur ein aus dem ψωρικόν durch Zusatz anderer Stoffe bereitetes Collyrium, und hierbei hat das διά seine volle Geltung. Nur darin unterscheidet sich das Wort διαψωρικόν von den Namen der anderen Collyrien, dass es nie mit der Genitivendung *Diapsoricu* (wie *Dialibanu, Diasmyrnes, Diarodon* etc.)vorkommt, sondern stets, wenn es ausgeschrieben ist, *Diapsoricum* lautet (s. die Stempel n. 13, 54, 77, 85, 108). Daran trägt vermuthlich der gleiche Klang mit dem *Psoricum* die Schuld.

7. **Titus Attius Divixtus.** *Karlsburg* (Siebenbürgen).

T ⋎ ATTI ⋎ DIVIXTI⋎DIA ‖ ZMYRNES⋎POST⋎IMP⋎LIP.
T⋎ATTI ⋎ DVᵢXT ⋎ NAR ‖ DINVM⋎AD ⋎IMPET⋎LIP.
T⋎ATI ⋎ DIVIXTI⋎DIAMI ‖ SVS⋎AD⋎VETERES⋎CIC.
T ⋎ ATTI ⋎ DIVIXTᵢ⋎DIA ‖ LIBANV⋎AD⋎IMP⋎EX⋎oVo.

Mittheilungen der k. k. Central-Commission zur Erforschung und Erhaltung der Baudenkmale, 1857, S. 287. — Grotefend, Epigraphisches I, S. 6, wieder abgedruckt in Mittheilungen der k. k. Central-Comm. 1858, S. 51 ff. — Grotefend im Philologus XIII, 128, n. 3. — Ackner und Müller, Die römischen Inschriften in Dacien (Wien, 1865) S. 112, n. 536. — v. Sacken und Kenner, Die Sammlungen des k. k. Münz- und Antiken-Cabinets (Wien, 1866) S. 127, n. 11.

23

Einen Augenarzt *P. Attius Atimetus* hat schon Walch, Sigillum medici ocularii Romani S. 41, aus Gruter 581, 3 nachgewiesen. Der Name *Divixtus* ist gallischen Ursprungs, wie die Inschriften bei Gruter 1040, 8 und 1052,1; Mommsen, Inscr. conf. Helvet. lat. n. 289; Boissieu, Inscr. antiques de Lyon S. 434, n. 48; Bulletin de la société pour la conservation des monuments historiques d'Alsace, Série II, Vol, 1, S. 167, fig. g; Brambach, Corp. inscr. Rhenan. n. 1910 beweisen. — DIAZMYRNES ist die ionische Schreibweise für DIASMYRNES; διὰ σμύρνης oder διάσμυρνον aber der Name eines Collyriums, das von den alten Schriftstellern vielfach erwähnt wird. Ich beziehe mich hier nur auf Galenus Th. XII, S. 257, 717, 746, 767, 774; Scribonius Largus 26. Der Gebrauch des Wortes *impetus* für Entzündung ist bekannt; vergl. Plin. Hist. nat. XX, 3, 8. Den Unterschied zwischen *ad impetum* und *post impetum* hat Dr. Sichel in den Annales d'oculistique LVI, S. 123 so klar dargelegt, dass ich nur seine Worte wiederholen werde: „Ad impetum *ou* ad impetum lippitudinis, *pour combattre la première attaque ou la première violence de l'ophthalmie, et surtout avant qu'il ne soit survenu de sécrétion muqueuse.* Post impetum *signifie un collyre utile après que la première violence de l'ophthalmie est passée, et qu'elle est déjà sur son déclin ou accompagnée de sécrétion muqueuse.*" — NARDINVM, τὸ καλούμενον νάρδινον κολλύριον, wird auch auf den Stempeln n. 13, 99, 100, 102 und 103, sowie von Galenus T. XII, S. 713; Alexand. Trall. II, 5; Paulus Aegin. III, 22. VII, 16; Nicol. Myreps. XXIV, 7. 25; Aëtius II, 3, 113 erwähnt; vgl. Dioscor. Mater. med. I, 6; Oribas. III, S. 50 ed. Steph. — DIAMISVS ist eine Schreibweise für *Diamisyos*, die auf den Stempeln häufiger wiederkehrt, s. n. 8, 10, 19, 37, 54, 75, ja in den Stempeln n. 61, 90 und 94 in *Diamysus* verdreht wird; vgl. Osann im Philologus XIV,

S. 635 ⁷). Ueber das Heilmittel selbst s. d. Erläuterungen zu n. 4. Ueber die *cicatrices oculorum* s. Celsus VI, 6, 25. — DIALIBANV (διὰ λιβάνου) kennen wir aus Celsus VI, 6, 13; Galenus Th. XII, S. 710. 758; Alexander Trall. II, 5; Marcellus Empir. 8. Die Bedeutung des Zusatzes EXᵛOVO lernen wir aus Celsus VI, 6, 12 (vergl. VI, 6, 8 und Galenus Th. VII, S. 746 ff.; Marcell. Empir. VIII, 8) kennen. Er bezeichnet den Stoff, worin die hartgewordenen Collyrien, ξηροκολλύρια, bei dem Gebrauche aufgelöst werden sollen. Es wurde dazu Eiweiss, Wasser, Milch oder Wein genommen, je nachdem das Mittel scharf oder nicht scharf eingreifen sollte.

8. Marcus C. Celsinus. *Saint-Chéron* (Dép. Seine et Oise).

MᵛCᵛCELSINI ‖ DIAMISVSᵛAᵛVᵛCIC.

Duchalais in den Mémoires de la soc. des Antiquaires de France XVIII, S. 230. — Grotefend im Philologus XIII, S. 129, n. 4.

Den Familiennamen des *Celsinus* zu ergänzen, ist nicht möglich. — Ueber das Mittel, *Diamisus ad veteres cicatrices,* vgl. die Erläuterungen zu der vorhergehenden Nummer.

9. Titus C. Philumenus. *Thouri* (Sologne).

T ᵛ C ᵛ PHILVMENI ᵛ AV ‖ THEMERVM ᵛ AD ᵛ IM.
[TᵛCᵛPHILV]MENIᵛTVR ‖ [INVM ᵛA]D ᵛSVPPVRA.
T ᵛ C ᵛ PHI[LVMEN] ‖ I ᵛ DIA ▩ ▩ ▩ ▩ ▩ ▩

Sichel, Cinq cachets inédits de médecins-oculistes

---

⁷) Sollte diese Form auf einen Genitiv μίσους (statt μίσυος) hindeuten? Oder ist sie nur ein Barbarismus der späteren Augenärzte?

Romains S. 13. — Duchalais a. a. O. XIII, S. 182. — Grotefend im Philologus XIII, S. 129, n. 5.

Auch das Nomen dieses Arztes ist nicht zu enträthseln; dass Siebel *Cajus* ergänzen wollte, wird mit Recht in der Anzeige seiner Schrift in der Revue de Philologie I, S. 562 getadelt. Ein von einem Arzte *Philumenus* bei einer Augenkrankheit angewendetes Heilmittel empfiehlt Oribasius VIII, 45, S. 361 ed. Steph. Vgl. Aëtius IV, 105, S. 835 und Bähr in Pauly's Realencyel. der class. Alterthumsk. s. v. *Philumenus.* — Das erste Mittel dieses Stempels, *Authemerum*, finden wir auch auf n. 11 und 59 genannt. Galenus Th. XII, S. 755 nennt ein σκυλάκιον αὐθήμερον φάρμακον und lehrt dessen Bereitung. Es war ein Mittel, das an dem nämlichen Tage, παραχρῆμα wie Galen sagt, helfen sollte. Der Stempel n. 44 nennt uns auch PENICILLVM ⋎ AVTHEMER ⋎ EX⋎ OVO. — Das *Turinum* oder *Thurinum* (vgl. n. 24 und 72) hatte seinen Namenvon *thus*, Weihrauch, und wird desshalb für gleichbedeutend mit dem *Dialibanu*, διὰ λιβάνου, zu halten sein; dass aber Weihrauch zu Vertheilung von Geschwüren diente *(suppurationes incipientes discutit)*, weiss auch Plinius Hist. nat. XXIII, 1, 16. — Das dritte Mittel ist durch die Fractur des Stempels unkenntlich geworden, ebenso wie das vierte Mittel auf n. 1 durch unangemessene Abkürzung.

10. Gajus Cae. Catodus und Junius Heli[odorus?].
Brumath (Elsass).

GAI ⋎ CAE ⋎ C̄AODI ‖ STACTVM⋎OPOB⋎AD.
CATODI⋎ALBVM⋎L ‖ ENE⋎M ⋎ AD ⋎ IMP ⋎ LI.
CATODI ⋎ DIAL ‖ EPIDOS⋎CROC.
IVNI⋎HELI ‖ DIAMISVS.

Ravencz in der Uebers. von Schoepflin's Alsatia

illustr. III, 129, tab. XVII. — Éloi Johanneau bei Bottin, Mélanges d'archéol. S. 115 ff. — Duchalais a. a. O. S. 217. — Grotefend im Philologus XIII, S. 130, n. 6. — Brambach, Corpus inscr. Rhenan. n. 1901. In der ersten Zeile geben Johanneau und Duchalais: GAI ᵛ CAEC ᵛ NOBI. Das Richtige lag so nahe, dass ich es in den Text aufnahm, ehe ich noch die bestätigende Abbildung bei Ravenez aus Brambach's Corpus kennen gelernt hatte. Wie der Familienname des Mannes zu ergänzen sei, ist nicht mit Sicherheit anzugeben; es bieten sich dazu die Namen *Caecilius, Caedicius, Caelius, Caemius, Caerellius, Caesius, Caesonius* und andere dar; für keinen derselben aber spricht etwas Entscheidendes. In der letzten Zeile ist der Name eines zweiten Augenarztes gegeben, der möglicher Weise HEL*lodorus* zu ergänzen ist; Brambach zieht in dem Index *Helius* vor. — Was die Mittel anlangt, so ist das *Stactum* hier, wie sehr oft auf den Stempeln, *opobalsamatum;* der Beisatz *ad claritatem* ist bei diesem Mittel zu häufig, als dass wir zaudern könnten, auch hier so zu ergänzen. Ich bemerke noch, dass der letzte Buchstabe kein ganz deutliches D ist. Das zweite Mittel, ALBVMᵛ LENEᵛM[*edicamentum?*] ADᵛIMP*etum* LI*ppitudinis*, wird nur hier genannt, wenn nicht auf n. 31 ergänzt werden muss: [DECIMI ᵛ]FLAVIANI ᵛ [ALBV]M ᵛ LENE ᵛ M ᵛ AD ᵛ [LIPPIT]VDINEM ᵛ OCVLO*rum.* Bei Galenus, Th. XII, S. 757, finden wir das Recept zu κολλύριον τὸ λευκὸν, πρὸς ἐπιφορὰς καὶ διαθέσεις. Die Abkürzung LENE ᵛ M. findet sich auch in n. 75 und 104, sonst würde man versucht sein können, LENEM*entum* für LENIM*entum* zu nehmen (vgl. übrigens auch Celsus VI, 6, 2. 11. 13. 14. 16). Ueber das *Dialepidos* haben wir schon in den Erläuterungen zu n. 4 gehandelt. Hier ist es CROC*odes,* mit Saffran bereitet; vgl. Galenus Th. XII, S. 785, und die Inschriften n. 14, 21, 40, 57 und 91.

11. Lucius Caemius Paternus. *Lyon.*

L ᵛ CAEMI ᵛ PATERNI ᵛ AVTHE
MERᵛLENᵛEXᵛOᵛACRᵛEXᵛAQ.
LᵛCAEMIᵛPATERNIᵛSTAC
TON ᵛ AD ᵛ C ᵛ SC ᵛ ET ᵛ CL.
LᵛCAEMIᵛPATERNIᵛCRO
COD ᵛ AD ᵛ ASPRITVDIN.
LᵛCAEMIᵛPATERNIᵛCHE
LID ᵛ AD ᵛ GENAR ᵛ CICA.

Auf der Oberfläche des Stempels sind die beiden
ersten Anfangsbuchstaben der Mittel eingravirt, um das
Auffinden der zu gebrauchenden Seite zu erleichtern; also
AV, ST, CR und CH.
Grivaud de la Vincelle, Recueil des monum.
antiques, Th. II, S. 286, pl. 36, fig. 2. — Wiener Jahrbücher der Literatur VI, S. 194. — Duchalais a. a. O.
S. 224 f. — Grotefend im Philologus XIII, S. 131, n. 7.
Den Namen *Caemius* vermag ich freilich aus keiner
andern Inschrift nachzuweisen; allein die Richtigkeit desselben beweisen die *Caemia Thetis* bei Mommsen, Inscr.
regni Neapol. n. 4258, die *Caemia Pia* bei Gruter 904, 5
und der *Q. Fabius Caemianus* bei Gruter 682, 2. — Das
erste Mittel ist AVTHEMER*um*, LEN*e* EXᵛOv*o*, ACR*e*
EX AQ*ua*, wie Sichel, Cinq cachets S. 21, richtig erklärt:
*Collyre du même jour; comme topique doux, on donne lui
pour véhicule le blanc d'oeuf; si l'on veut le faire agir
comme collyre âcre ou mordant, on l'administre dans de
l'eau.* Das zweite Mittel ist das schon mehrfach erwähnte
Stactum, hier mit der griechischen Endung STACTON,
und mit einem Zusatze, den Grivaud de la Vincelle
und mit ihm Sichel in seiner neuesten Schrift (Annales
d'oculistique LVI, S. 117): *ad caliginem, scabritiem et
claritatem* liest, Duchalais aber richtiger: *ad genas
scissas et claritatem* ergänzt (vgl. n. 54 und 58). Der

Dreitheilung der Formel steht schon das ET entgegen,
und dass *ad caliginem* mit *ad claritatem* wechselt, also
beide Ausdrücke, als dasselbe bedeutend, nicht neben einander gebraucht werden können, lehrt uns die Vergleichung mancher unserer Stempelinschriften; so haben
wir *Stactum ad claritatem* und *ad caliginem*, *Chelidonium
ad claritatem* und *ad caliginem*, *Diapsoricum ad claritatem*
und *ad caliginem*. Wie das in der vorigen Nummer
genannte *Dialepidos crocodes* gewöhnlich *ad aspritudinem*
gebraucht wurde (vgl. n. 14), so diente auch das *Crocodes*
zu diesem Zwecke (vgl. n. 37, 51, 57, 60, 65, 85). Das
Chelidonium haben wir schon zu n. 6 besprochen, hier
haben wir es zum Gebrauche *ad genarum cicatrices*.

12. Quintus Caer[ellius?] Quintilianus.
St. Marcoulf (Normandie).

Q˅CAER˅QVINTILI ‖ ANI˅DIASMYRN.
QVINTILIANI ‖ CROCOD.
QVINTILIANI ‖ STACT˅AD˅CLA.
QVINTILIANI ‖ DIALEPID.

Wesseling in den Actis societ. lat. Jenensis III,
p. 51. — Gough in Archaeologia IX, p. 233. — Tôchon
d'Annecy a. a. O. n. 7. — Grotefend im Philologus
XIII, 132, n. 8.

Den Namen des Augenarztes, welchem dieser Stempel
angehörte, hat man bisher unbedenklich CAER*ellius* gelesen (s. Saxii epistola de vet. med. ocul. gemma sphragide
S. 43), indessen scheint doch jetzt, nun die Mainzer
(n. 14) und die Gothaer Inschrift (n. 18) bekannt geworden sind, ein genügender Grund vorhanden zu sein, die
Richtigkeit des ersten E in diesem Namen zu bezweifeln,
und der angebliche *Caerellius* scheint vielmehr CAR*minius*
geheissen zu haben. Interessant ist, dass wir dadurch

drei an verschiedenen Orten gefundene Stempel mit dem
Namen desselben Augenarztes erhalten: ein ähnlicher
Fall, wie wir ihn unten (n. 66, 67 und 69) bei den
Stempeln des *Marcellinus* wiederfinden werden. — Die
sämmtlichen Collyrien sind schon oben besprochen. Dass
das letzte der auf diesem Stempel genannten Mittel DIA-
LEPID*os*, nicht DIALEPID*ium* gelesen werden müsse, hat
schon Wesseling a. a. O. gezeigt (vrgl. Saxius a. a.
O.); um so mehr muss der Osann'sche Artikel διαλεπί-
διον in dem neuen Pariser Stephanus auffallen.

13. Gajus Cap[ellius?] Sabinianus. *Genua.*

CᵥCAPᵥSABINIANIᵥDIAB ‖ SORICVMᵥADᵥCALIG.
SABINIANI ᵥ CHE ‖ LEDON ᵥ AD ᵥ CLA.
CᵥCAP ᵥ SABINIANIᵥNAR ‖ DINVMᵥADᵥIMPETVM.
SABINIANI ᵥ CHLO ‖ RON ᵥ AD ᵥ CLA.

Gough a. a. O. S. 231. — Tôchon d'Anneey a. a.
O. n. 3. — Grotefend im Philologus XIII, S. 132, n.9.

Den Namen des Arztes ergänzt Walch, Sigillum etc.
S. 20, CAP*ito;* mir scheint *Capellius* das Richtige zu sein,
da der Name *Capius* nicht verbürgt ist. — Ueber die
drei ersten Mittel ist das Nöthige oben schon angeführt
worden; hier, ausser der Hinweisung auf den Schreibfehler CHELEDON. statt CHELIDON*ium,* nur einige
Bemerkungen über das *Chloron.* Mit dem Zusatze *ad
claritatem* wird dasselbe sonst nicht erwähnt. Galenus
Th. XII, S. 763 ff. giebt die Recepte eines χλωρὸν πρὸς
διαθέσεις, eines Ζωΐλου τὸ χλωρόν, eines ἄλλο χλωρὸν
Ζωΐλου ὀφθαλμικοῦ und eines χλωρὸν Ἀνθαίου. Von den
bis jetzt bekannt gewordenen Stempeln haben das Chloron
nur noch n. 97 und 100, beide ohne Angabe der Anwendung des Mittels.

14. Quintus Carminius Quintilianus. *Mainz.*

Q ˅ CARMINI ˅ QVINTILIANI
PENICIL˅LE˅AD˅OMNE˅LIPP˅EX˅oV.
Q˅CARMINI˅QVINTILIANI
DIALEP˅CROCODES ˅ AD ˅ ASPRIT.

Grotefend im Philologus XIII, S. 133, n. 10. —
Becker in der Zeitschrift des Vereins zur Erforschung
der Rheinischen Geschichte und Alterthümer zu Mainz II,
S. 215, n. 57. — Brambach, Corp. inscript. Rhenan.
n. 1297.

Erst durch diesen Stempel, von welchem ich durch
Herrn Dr. Lindenschmit Gyps- und Siegellack-
Abdrücke erhalten habe, wurde mir klar, dass der *Q.
Caerellius Quintilianus* von n. 12 und der *Q. Carminius
Quintianus* des Gothaer Steins (n. 18), der sich bei
genauerer Prüfung ebenfalls als ein *Quintilianus* er-
wies, einen und denselben Augenarzt bezeichnen sollen,
was wegen der Corruptel beider Inschriften früher nicht
zu ersehen war. Der Vorname *Quintus* ist in dem
Geschlechte der Carminier verhältnissmässig häufig; s.
Gruter 675, 3; Murat. 1273, 4. 2066, 9; Kellermann
Vigiles p. 19; Brambach Corp. inscr. Rhen. n. 889. —
Bei Gruter 633, 3 finden wir auch einen Arzt aus der
Familie, einen *P. Carminius Sosthenes.* — Was das erste
Mittel anlangt, so brauchen wir nur einige andere Stempel-
inschriften zu vergleichen, um völlig über die Lesung
desselben klar zu sein. In n. 49 haben wir: PENICIL˅
LENE˅EX˅OVO; in n. 59: PENICIL˅LEN˅AD˅OMNEM˅
LIPPITVD˅; in n. 44: PENICILLVM˅AVTHEMER˅EX˅OV.
Wir können daraus mit Sicherheit ersehen, dass PENI-
CILLE in zwei Wörter, PENICIL*lum* LE*ne*, zerlegt werden
muss. Die Bedeutung dieses Mittels lernen wir aus
Celsus VI, 6, 8 kennen, wo es heisst: *Quo gravior vero*

quaeque inflammatio est, eo magis leniri medicamentum debet adjecto vel albo ovi vel muliebri lacte; at, si neque medicus, neque medicamentum praesto est, saepius utrumlibet horum in oculos penicillo ad id ipsum facto infusum id malum lenit. Und VI, 6, 9 fügt derselbe einem Heilmittel hinzu: *penicillo fovere oculos oportet, ex aqua calida expresso, in qua ante vel myrti vel rosae folia decocta sunt.* Das Erstere ist eben *penicillum lene ex ovo.* Es mit Freund, s. v. *penicillum,* für eine Art Augensalbe zu erklären, zwingt uns nichts; vielmehr dürfte die auf n. 15 aufgeführte SPONGia LENIs mit dem daselbst zur Erläuterung Beigebrachten dieser Ansicht geradezu entgegentreten. — Während uns n. 12 ein *Crocodes* und ein *Dialepidos* des Quintilian bot, haben wir hier in dem zweiten Mittel ein *Dialepidos crocodes* desselben, sammt dem Zusatze *ad aspritudines.*

15. Gajus Cintusminius Blandus. *Lyon.*

CᵛCINTVSMINIᵛBLANDI ‖ EVVODESᵛADᵛASPR.
CᵛCINTVSᵛBLAN ‖ DIᵛDIAPSORᵛOPO.
CᵛCINTVSᵛBLAN ‖ DIᵛDIASMYRNE.
CᵛCINTVSᵛBLAN ‖ DIᵛSPONGᵛLENI.

Gentleman's Magazine 1754, S. 25. — Gough in Archaeologia IX, S. 236. — Tôchon d'Annecy n. 14. — Grotefend im Philologus XIII, S. 134, n. 11.

Der Name des Arztes scheint gallischen Ursprungs zu sein; wenigstens findet sich auf einer Metzer Inschrift bei Gruter 12, 10 nach einem *Elvorix Varicilli f[ilius]* ein *Melus Cintusmi f[ilius],* und auch die *Cintusmia Aurelia* und deren Vater *Aurel. Cintusmius* bei Muratori 805, 2 scheinen Gallier zu sein *(e schedis Montfauconii misit Bimardus).* Das Collyrium *Euodes,* εὐῶδες, wurde häufig *ad aspritudinem et cicatrices* angewandt; Galenus

giebt Th. XII, S. 753 das Recept eines εὐῶδες des Zosimus
und Th. XII, S. 774 das Recept eines διάσμυρνον εὐῶδες
Συνέρωτος. Nach Scribonius Largus de compos. medicam.
26 und Marcellus Empiricus c. 8 war es dasselbe Mittel,
das auch *Diasmyrnes* hiess. Die Verdoppelung des V in
dem Namen EVVODES findet sich auf gallischen Stempeln
öfter; s. n. 39, 70 u. 98; sie kann also nicht ein blosser
Irrthum des Stempelschneiders oder des Arztes sein, wie
Sichel Cinq cachets S. 9 und auch noch in dem Nouveau
recueil S. 27 (Annales d'oculistique LVI, S. 121) annimmt,
sondern wird in der provinziellen Aussprache des Wortes
ihren Grund haben. — Das *Diapsoricum* besprachen wir
oben zu n. 6, hier ist es, wie öfter auf unsern Stempeln,
opobalsamatum. — Das *Diasmyrnes* bedarf nach dem
Obigen keiner Erläuterung mehr. — SPONG*ia* LEN*is*,
σπόγγος μαλακός bei Galenus Th. XII, S. 758, diente zum
Auffangen des Ausflusses aus den Augen, wird aber auf
den Stempeln nicht weiter erwähnt; häufiger erscheint
dafür ein *penicillum lene*. Dass aber beide Ausdrücke
Gleiches bedeuten, zeigt uns Plinius Hist. nat. IX, 42, 69:
*Spongiarum tria genera accepimus: spissum ac prae-
durum et asperum, tragos id vocatur: spissum et mollius,
manon: tenue densumque, ex quo penicilli, Achilleum*,
und ebendaselbst XXXI, 11, 47: *Mollissimum genus earum*
(sc. spongiarum) *penicilli: oculorum tumores levant ex
mulso impositi. Iidem abstergendae lippitudini utilissimi* etc.

16. Gajus Cispius. *Vichy.*

C ᵥ CISP ᵥ SIACI.
DIASM ᵥ C ᵥ CIᶜ.

Sichel in Annales d'oculistique LVI, p. 125.

Dieser Stempel ist ein Serpentin, der nur drei Millimeter dick ist; jede seiner vier Seiten ist drei Centi-

meter lang. Zwei seiner Seiten sind glatt, die anderen
beiden enthalten jede eine Inschrift in je einer Zeile. —
Herr Dr. Sichel verbindet die Inschriften beider Seiten
und liest: Caji CISPii SIACI DIASMyrnum Contra CICatrices. Es würde alsdann hier, wie auf n. 36 und 38,
der Name des Augenarztes auf einer andern Seite verzeichnet sein, als der Name des Mittels; allein die Inschriften unseres Stempels unterscheiden sich wesentlich
von denen der beiden genannten Nummern darin, dass
hier nur der Name eines Mittels genannt wird, während
auf jenen ausser dem Namen des Arztes beziehungsweise
zwei und drei Mittel aufgeführt werden. Bei den letzteren
erklärt sich also der abgesondert gehaltene Name des
Arztes als eine Erleichterung beim Schneiden des Stempels,
indem derselbe auf dem Stempel nicht wiederholt zu
werden brauchte, weil die eine Seite mit dem Namen des
Arztes für jedes der Collyrien benutzt werden konnte.
Da dieser Grund hier, wo nach der Ansicht des Herrn
Dr. Sichel nur ein Mittel auf dem Steine genannt ist,
wegfallen würde, darf man wohl Zweifel an der Richtigkeit der Lesung hegen. Nun sagt Herr Dr. Sichel bei
der Beschreibung des Stempels ausdrücklich: Le premier
C et l'I de Siaci sont très frustes. L'S de Siaci est mal
formé. Dies führt uns auf eine andere Erklärung der
Inschrift. Wenn schon der Name Cispius zu den sehr
seltenen gehört (mir ist nur ein C. Cispius Severus bei
Mommsen Inscr. Neap. 2850 und ein C. Cispius Nicephorus
Crispus bei Gruter 968, 6 [8]) bekannt geworden), muss
das Cognomen Siacus geradezu als unicum auffallen, um
so mehr als es auch der Wurzel entbehrt, die man wohl

---

[8]) Herr Dr. Sichel citirt beide Namen gleichfalls, aber nur aus
dem Gruterschen Index, wie der von ihm wiederholte Druckfehler
— 967, 6 statt 968, 6 — beweist.

bei einem *Isiacus* oder *Usiacus* angeben könnte, nach der man aber bei der Form *Siacus* vergeblich sucht. Da nun die I des Namens *très frustes* sind, so drängt sich uns fast unabweisbar die Vermuthung auf, dass die oberen Striche derselben, welche sie zu einem T bilden würden, weggefallen seien und dass wir in diesem Namen nichts Anderes zu erkennen haben, als STACT*um*. Damit ist aber auch die Nothwendigkeit gehoben, beide Inschriften mit einander zu vereinigen; wir können recht gut in der einen Inschrift ein *Stactum*, in der andern ein *Diasmyrnes* annehmen. Wollten wir aber beide Inschriften doch mit einander 'verbinden, so brauchen wir nur an die oben (zu n. 2) schon erwähnte Stelle des Galenus de compos. medicam. sec. locos IV, 5 fin. (Th. XII, S. 725) zu erinnern: νυνὶ δὲ ἔνδοξόν ἐστι — — τὸ διὰ τῆς στακτῆς .σμύρνης. Allein es scheint mir die Lesung der zweiten Inschrift ebenfalls nicht ganz in der Ordnung zu sein. Die sonderbare, durch nichts gerechtfertigte Gestalt des letzten C in dem Worte CI^c, die ebensowohl einem unvollständigen S angehören kann, alsdann auch der auffallende Gebrauch der Praeposition *Contra* statt des sonst gewöhnlichen AD und vor Allem die Wahrnehmung, dass weder das *Stactum*, noch das *Diasmyrnes* jemals *ad cicatrices* gebraucht worden ist, bringen mich auf die Vermuthung, dass in der zweiten Inschrift gegen die Gewohnheit der Stempel der Name des Arztes hinter dem Mittel genannt sei, dass wir also in dieser Inschrift nur ein DIASM*yrnes* Caji CIS*pii* haben. Ganz ohne Beispiel ist übrigens diese Wortstellung auf unsern Stempeln nicht; indem die vierte Seite von n. 40 ein PYX*inon* T*iti* I*ulii* Attali giebt, während auf den übrigen Seiten desselben Stempels der Name des Arztes voraufgeschickt ist.

17. Claudii. *Nîmes.*

CLAVDØᵧGALBᵧADᵧCICAT.

Gough a. a. O. S. 238. — Tôchon d'Annecy
n. 18. — Grotefend im Philologus XIII, S. 135, n. 12.
Durch die Güte des Herrn de la Saussaye habe ich
von dem jetzt im Museum zu Lyon befindlichen Stempel
einen Siegellackabdruck erhalten. Die Buchstaben desselben sind zierlich und weisen uns in Betreff des Alters
auf die frühere Kaiserzeit hin; indess sind trotz der
Kürze der Inschrift ausser dem in dem obigen Abdrucke
beibehaltenen IOR noch die Buchstaben LAV, AD und
AT in Ligaturen gegeben. — Als Verfertiger des Collyriums erscheinen mehrere Aerzte desselben Namens,
etwa die Gebrüder *Claudii;* vgl. die Erläuterungen zu
n. 6. — Das Mittel, dessen Namen der Stempel enthält,
wird uns auf keinem der übrigen Stempel wieder vor
geführt: indess können wir aus Galenus, der Th. XII,
S. 765: τὸ διὰ χαλβάνης πρὸς περιωδυνίας καὶ ὀφθαλμίας,
ᾧ ἐχρήσατο Νικήτης aufführt (vgl. auch Aëtius II, 3, 108),
immerhin schliessen, dass dasselbe eine aus dem daselbst
genannten syrischen Harze bereitete Augensalbe war, die
etwa den Namen GALBaneum hatte.

18. Titus Claudius Apollinaris und Quintus Carminius Quintilianus. *Gotha.*

TᵧCLᵧAPOLLINARISᵧDI
ALEPIDOSᵧADᵧCLARI.
QᵧCARMINᵧQVINTLANᵧST
ACTᵧADᵧOMNᵧCLARITAT.

Lenz bei Millin, Magasin encyclop. 1809. T. I,
S. 102. — Duchalais a. a. O. S. 227. — Grotefend
im Philologus XIII, S. 135, n. 13.

Einen *Apollinaris* ohne weitere Bezeichnung nennt
auch der Stempel n. 63. Bei Gruter findet sich S. 633, 6
eine Grabschrift:

DIS ᵛ M ᵛ TIB ᵛ CL ᵛ APOLLINARIS ᵛ TI
CL ᵛ ONITI ᵛ LIB ᵛ ET ᵛ HERES ᵛ ARTIS ᵛ MEDICINE
DOCTISSᵛHᵛSᵛEᵛTITVLVMᵛPOSVITᵛIVLᵛRHODINE
VXORᵛMARITOᵛBᵛMᵛETᵛCLᵛIVLIANEᵛPOTENTIA
PATRI ᵛ PIENTISSIMO

Dieselbe soll *extra Tarraconem in porta D. Antonii*
gestanden haben; ihre Glaubwürdigkeit beruht aber leider
nur auf der ziemlich anrüchigen Autorität des Schottus,
der freilich weniger als Fälscher, wie Ligorius, aber
doch als fleissiger Interpolator bekannt ist. Dennoch
durfte diese Grabschrift hier nicht ganz mit Stillschweigen
übergangen werden. — Den Namen des zweiten Arztes
kennen wir schon aus n. 14 (vgl. n. 12). Lenz gab
statt des Namens *Quintiliani:* QVINTIAN. Das I im
T und im L muss allerdings geradezu ergänzt werden,
eine Verlängerung über dem Buchstaben, wie bei N, ist
bei dem L sicher nicht zu sehen, bei dem T mindestens
zweifelhaft; aber das L ist deutlich und dadurch die
Lesung *Quintiliani* auch ohne die beiden Stempel n. 12
und 14 gesichert. — Die Mittel bedürfen nach dem
früher Dagewesenen keiner Erläuterung; zu bemerken ist
nur, dass das *Dialepidos* nur auf diesem Stempel *ad
claritatem* angepriesen wird. Da ich nur einen Siegellackabdruck der beiden Hauptseiten dieses Stempels vor
Augen gehabt habe, der mir durch die gütige Vermittlung
des Herrn Dr. Georges von Herrn Archivrath Dr. Bube
verstattet war, kann es nicht befremden, dass mir die
auf zwei anderen Seiten leicht eingekratzten Inschriften
entgangen sind, über welche Herr Dr. Zangemeister
laut Zeitungsnachrichten am 2. April d. J. in der archäolo-
gischen Gesellschaft zu Berlin berichtet hat, und wonach

dieser Stempel in das Jahr 204 n. Chr. soll gesetzt werden können. Wenn mir auch nicht vergönnt ist, Genaueres über diese gerade vor dem Abdrucke dieser Zeilen mir erst zur Kunde gekommenen Inschriften und über die Möglichkeit, daraus auf das genannte Jahr schliessen zu können, mitzutheilen, so freut es mich doch eine Andeutung dieser chronologischen Bestimmung hier noch geben zu können, die durch ihren Einfluss auf die chronologischen Bestimmungen der Stempel n. 12 und 14 eine noch höhere Wichtigkeit erhält. Ist die Angabe richtig, wie ich keinen Grund habe zu bezweifeln, so dienen auch diese Inschriften zur Bestätigung dessen, was im Vorworte S. 4 über die Zeit, welcher die Augenarztstempel im Allgemeinen angehören, von mir geäussert worden ist.

19. Claudius Fidus Isidorus. *Bavay* (Départ. du Nord).

CL▾FIDI▾IS▨▨▨▨▨▨▨ ‖ MISVS ▾ AD ▾ VE▨▨▨▨
▨L▾FIDI▾ISIDORI▾DIAS ‖ ▨▨RNES ▾ POST ▾ IMP.

Sichel in den Annales d'oculistique LVI, S. 122 f.

Verschiedene Buchstaben dieses Stempels, der durch Feuer sehr gelitten hat, sind nur noch theilweise sichtbar, so von der ersten Inschrift das S der ersten Zeile und die Buchstaben VE der zweiten Zeile, von der zweiten Inschrift die Buchstaben AS der ersten und die Buchstaben R, ES und P der zweiten Zeile; indess sind sie noch lesbar. — Herr Dr. Sichel nennt den Augenarzt dieses Stempels *Claudius Fidius Isidorus;* da aber *Claudius* nicht etwa ein Praenomen, sondern das wirkliche Nomen des Mannes war, ist es nicht räthlich, in dem zweiten Namen gleichfalls einen Namen auf *ius* finden zu wollen, zumal das Cognomen *Fidus* ein ganz bekanntes und gewöhnliches ist. Dass das längere **I**, wie es in der zweiten Inschrift am Ende von FIDI sich zeigt, nicht immer eine Verdoppelung des I anzeigt, die ohnehin im Genitiv, wie wir schon zu n. 5 bemerkt haben, auf den Stempeln nie geschrieben wird, sehen wir ganz deutlich aus dem Worte ANĪCETVM auf n. 29^b. — Was die Mittel anlangt, so sind sowohl das *Diamisus ad veteres cicatrices* als das *Diasmyrnes post impetum lippitudinis* schon oben dagewesen.

20. Gajus Claudius Immunis. *Mandeure* (bei Mümpelgard).

C▾CL▾IMMVNIS▾DIAP
SOR▾OPOB▾AD▾CLARITAT.
C▾CL▾IMMVNIS▾PENICIL
LE▾AD▾IMPET▾LIPPIT▾EX▾OVO.
C▾CL▾IMMVNIS▾COEN
AD▾ASPR▾ET▾CLARITATES.
[C▾C]L▾IMMVNIS▾DIASMY[R]
NES▾POST▾IMP▾LIPP▾EX▾OVO.

Wetzel, Cachets d'oculistes etc. Montbéliard, 1860, S. 4. — Sichel in den Annales d'oculistique LVI, S. 264 f.

Die Namen des Arztes bedürfen keiner Erläuterung. — Von den Mitteln haben wir das *Diapsoricum opobalsamatum* schon auf dem Stempel n. 15 gesehen, hier haben wir es mit dem Zusatze *ad claritatem.* — Ueber das *Penicillum lene ex ovo* vgl. die Erläuterungen zu n. 14; hier ist der Zusatz *ad impetum lippitudinis* zu bemerken. Ein *Penicillum ad impetum lippitudinis e lacte* werden wir in n. 76 finden. — Das *Coenon ad claritatem* kennen wir aus n. 2 (vgl. n. 91), hier haben wir den Zusatz *ad aspritudines et claritates,* bei welchem der etwas auffallende Plural *claritates,* statt des sonst gewöhnlichen *claritatem,* vielleicht aus dem vorhergehenden *aspritudines* zu erklären ist. — Ueber das *Diasmyrnes post impetum lippitudinis* ist in den Erläuterungen zu n. 7 weitläufig gehandelt; mit dem Zusatze EX ᵥ OVO erscheint es auch auf n. 47, 78 und 84.

21. Lucius Claudius Martinus und Quintus Junius Taurus. *Nais* (Départ. de la Meuse.)

LᵥCLᵥMARTINIᵥEVOD′
ES ᵥ AD ᵥ ASPRITVDIN.
LᵥCL ᵥ MARTINI ᵥ DIAP
SORIC ᵥ AD ᵥ CALIGIN.
Q ᵥ IVN ᵥ TAVRI ᵥ STACT ᵥ AD
SCABRITIEM ᵥ ET ᵥ CLARIT.

Grivaud de la Vincelle, Recueil de monumens ant. Pl. XXXVI, fig. 3. — Wiener Jahrbb. der Literatur VI, S. 193. — Tôehon d'Annecy n. 27. — Grotefend im Philologus XIII, S. 136, n. 14.

Hier, wie bei n. 18, 24, 39, 46 und in einigen andern Fällen, finden wir die Namen zweier Augenärzte auf demselben Stempel; ein Beweis, dass diese Stempel nicht in den Händen der Augenärzte selbst geblieben, sondern in die von Händlern übergegangen waren. Der Name des *Q. Junius Taurus* wird uns unten noch mehrmals begegnen. Ueber die Mittel brauchen wir dem früher schon Gesagten hier nichts hinzuzufügen.

22. Tiberius Claudius Messor. *Famars* (Dép. du Nord).

[T]IB ᵥ CLAVDI ᵥ MESSORIS ᵥ PENI ‖ CILLVM.
TIBᵥCLAVDIᵥMESSORIS ‖ ▨▨▨CTON ᵥOPOBᵥADᵥCALIG.

Bottin in den Mémoires de la société des Anti-

quaires de France II, S. 459. — Duchalais ebendaselbst
XVIII, S. 219. — Sichel in l'Union médicale 1851,
Sept. 2 und in den Annales d'oculistique XXVI, S. 178 f.
— Grotefend im Philologus XIII, S. 136, n. 15. —
Sichel, in den Annales d'oculistique LVI, S. 117 f.

Einem TI ᵛ CLAVDIO░░░░░░ | MEDICO ᵛ OCVLA | RIO
war ein Grabstein zu Rom geweiht, .den uns Muratori
945, 2 giebt; auch die hier folgende n. 23 enthält eine
Augensalbe eines TIB ᵛ CL ᵛ M. Die Namen *Tiberius
Claudius* allein geben indess noch nicht Grund genug
zur Identificirung der drei hier genannten Personen, da
sie durch die Kaiser Tiberius und Claudius und deren
Freigelassene zu allgemein geworden waren; und ob in
n. 23 das M gerade durch Messoris zu ergänzen sei,
steht auch dahin. — Das erste der hier gebotenen Mittel,
penicillum, haben wir schon oben zu n. 14 erläutert; das
zweite, *Stacton opobalsamatum ad caligines,* ist von den
ersten Herausgebern, die - - - ETON ᵛ OROB. auf dem
Stempel zu lesen glaubten und dies als EMMETON ᵛ
OROB*i,* eine aus Erven oder Linsen bereitete Charpie (!),
erklären wollten, verkannt worden. Erst Sichel (im
J. 1851) und ich, unabhängig von Sichel, dessen Schrift
mir damals, trotz ihrer doppelten Publication, nicht in
die Hände gekommen war, haben das Richtige erkannt[9]).
Auf n. 97 werden wir einem STACTVM ᵛ AD ᵛ CALIG-
INES ᵛ OPOBALSAMATVM begegnen.

---

9) Es klingt sonderbar, wenn Sichel, dem doch, wie ich bestimmt weiss, meine Schrift gleich nach ihrem Erscheinen (1858) zur
Kunde gekommen ist, noch 1866 drucken lässt: *L'idée est si naturelle
que je ne puis concevoir comment elle n'est point venue aux autres
commentateurs.* Es verräth wenigstens wenig Achtung vor den Lesern,
wenn man so Veraltetes ohne jegliche Aenderung ihnen vorlegt.

23. Tiberius Claudius M[essor?] *Wroxeter* (Shropshire).

TB ᵥ CL ᵥ M ‖ DIALBA | AD ᵥ OM ‖ NE ᴀ VNC | O ᵥ EX ᵥ O.

Parkes in Gentleman's Magazine LXXX, 1. p. 617, pl. II, fig. 1. 2. — Lersch in den Bonner Jahrbüchern II, S. 108. — Alb. Way im Archaeological journal VII, S. 358 und in den Bonner Jahrbüchern XX, S. 175 f. — Hartshorne, Salopia antiqua. London 1841. S. 126. — Simpson im Monthly journal of medical science 1851. S. 249. Taf. III, Fig. 9. — Henzen.- Orelli n. 7250. — Grotefend im Philologus XIII, S. 136 f., n. 16.

Die Lesung dieses durch seine runde Gestalt besonders interessanten Stempels ist verschiedentlich versucht, indess noch nicht vollständig gelungen. Lersch las: *Tib[erii] Cl[audii] M[arcelli?] Dial[epidos] ba[lsamatum] ad omne vit[ium] o[culorum] ex o[vo]*, und diese Lesung nimmt Henzen an. Simpson liest: *Iulii Bassi* CLeMentis DIALiBanum AD OMNEm Διάθεσιν VNO EX Ovo. Ich vermuthete 1858: TIBerii CLaudii Messoris? DIALBAnu AD OMNE ᴀ VNGuentum Ocularium EX Ovo. Es würde das eine Salbe sein, welche mit jeder andern mit Eiweiss zu gebrauchenden Augensalbe gemischt, oder auch abwechselnd mit derselben gebraucht werden soll. Das ᴀ hinter OMNE, welches ohnehin nur halb so gross erscheint, als die übrigen Buchstaben, wäre dann nichts weiter als ein Punkt. Lieber wäre es mir indess, wenn man VLCus Oculorum statt VNGuentum Ocularium lesen könnte. Da das *Dialibanu*, wie das gleichartige *Turinum*, auf unsern Stempeln mehrfach *ad suppurationes ex ovo* verordnet wird (s. n. 9. 24. 49. 56), und nach Celsus VI, 6, 13 (*De ulceribus oculorum et de* διὰ λιβάνου *collyrio.*) das Collyrium *Dialibanu* namentlich gegen die *ulcera* der Augen angewandt wurde, kann gegen das

Sachgemässe dieser Lesung wohl nichts vorgebracht werden. Es fragt sich eben nur, ob der Stein und die auf demselben befindlichen Buchstaben sich mit derselben vertragen, was nur der Augenschein lehren kann.

24. Gajus Claudius Primus und Gajus Julius Libycus. *Cessi sur Tille* (Dép. Côte d'Or).

[C ᵛ C]L ᵛ PRIMI ᵛ TVRINVM
[AD]ᵛSVPPVRATᵛOCVLOR.
CᵛCLᵛPRIMIᵛTERENTIANV
CROCᵛADᵛASPRITᵛETᵛCI.
CᵛCLᵛPRIMIᵛDIASMYRNES
POST ᵛ IMPET ᵛ LIPPITVDI.
C ᵛ I V L ᵛ L I B Y C I ᵛ D I A C I O
░IESᵛADᵛSVPPVRATᵛETᵛVETEᵛĪᴀ̈R.

Fevret de St. Mémin in den Mémoires de la commission départementale d'antiquités de la Côte d'Or, Th. I, S. 375, Pl. fig. 1. — Duchalais S. 222. — Grotefend im Philologus XIII, S. 137, n. 17.

Ueber das *Turinum ad suppurationes oculorum* haben wir schon oben zu n. 9 das Nöthige beigebracht (vgl. die Erläuterungen zu n. 23). — TERENTIANV*m* CRO*Codes* AD ASPRIT*udines* ET Cicatrices wird seinen Namen von seinem Erfinder Terentius haben, wie das διάῤῥοδον Τερεντίου bei Galenus Th. XII, S. 766; ob dies aber der Terentius des Galenus sei oder der L. Terentius Paternus des Steins von Entrains (n. 92), muss dahin gestellt bleiben. — Ueber das *Diasmyrnes post impetum lippitudinis* s. die Erläuterungen zu n. 7. — Wie das letzte Collyrium, das einen andern Augenarzt zum Verfertiger hatte, heisse, vermag ich nicht zu errathen. Man könnte etwa an DIACHOLES denken, ein Collyrium,

über welches wir unten zu n. 35 das Nähere angeben
werden; allein dem scheint die Anwendung *ad suppurationes et veteres cicatrices* entgegen zu sein. Die Mittel,
wozu nach Galenus Galle verschiedener Thiere verwandt
wurde, dienten nicht zu diesem Zwecke. Wir haben
dagegen oben zu n. 1 das DIA*Ceratos* kennen gelernt,
und τὸ διὰ τοῦ ἐλαφείου κέρατος πρὸς ἕλκη, φλυκτίδας,
οὐλὰς ἀποσμήχει, sagt Galenus Th. XII, S. 762. Wenn
wir in den ersten vier Buchstaben den Namen dieses
Mittels abbreviirt finden wollen, bleibt uns nur die
Erklärung der letzten Hälfte des Wortes noch übrig,
und da fehlt uns jede Analogie, wir müssten denn aus
dem öfteren Gebrauche des ἰός, des Rostes, bei Augenkrankheiten und überhaupt bei Geschwüren (s. Galenus
de simplic. medicam. temp. ac facult. IX, 3, 10. Th. XII,
S. 218) auf den Namen IODES kommen wollen.

25. Cornelius (?). *Thérouanne* (in Artois).

COR˅DIALEPIDOS˅AD˅V▨▨▨▨
▨▨▨▨ EVVODES ˅ AD ˅ CICA.

Bulletin historique de la société des antiquaires de
la Morinie, 1852. S. 11. — Siehel in den Annales d'oculistique LVI, S. 114.

Der Stein, dessen Inschriften wir hier geben, ist
stark verletzt; nicht bloss das Ende der ersten und der
Anfang der zweiten Inschrift fehlen, sondern von der
zweiten Inschrift fehlt auch der obere Theil der drei
ersten und der untere Theil der folgenden Buchstaben.
Die Inschriften der dritten und vierten Seite sind mit
der Feile absichtlich vernichtet. — Ob COR wirklich
den Namen des Augenarztes angeben soll, ob dieser
wirklich *Cornelius* geheissen hat, ist nicht mit Sicherheit
anzugeben. Siehel, glaubt sogar einen Irrthum des

Stempelschneiders annehmen zu dürfen, da er neben der
Ergänzung CORnelii auch COLLyrium, wie unten in
n. 60, oder CROcodes vorschlägt. Ohne Noth einen
Irrthum des Stempelschneiders anzunehmen, ist sicher
fehlsam; dennoch ist es nicht geradezu nothwendig,
dass COR der Anfang eines Namens ist; es wäre ja
möglich, dass der Augenarzt dieses Stempels seinen
Namen durch 3 Anfangsbuchstaben CᵛOᵛR. bezeichnet
hätte, wie sich auf dem Stempel n. 1 nur MᵛAᵛC. und
auf dem Stempel n. 40 abwechselnd TᵛIᵛA. für *Titus
Julius Attalus* findet. — Die Mittel anlangend, kennen
wir das *Dialepidos ad veteres cicatrices* auch aus den
Stempeln n. 54. 57. 79 und 98; gewöhnlicher wird es
ad aspritudines genannt (s. n. 3. 14. 42. 49. 65. 76. 83.
90. 91); das *Evodes ad cicatrices* bieten uns auch n. 78.
96 und 98, dasselbe *ad aspritudinem* finden wir auf n. 15.
21. 70 und 81, und *ad genas scissas* unten auf n. 39. —
Ueber die Schreibart EVVODES s. die Erläuterungen
zu n. 15.

26. Gajus Dedemo. *Nuits* (Côte d'Or).

C ᵛ DEDEMONIS ᵛ AMBROS
IVMᵛADᵛKALIGINEMᵛETᵛCL.
CᵛDEDEMONISᵛTHEOCH
ISTᵛADᵛEPIPHORAᵛEXᵛOVOᵛTER.
CᵛDEDEMONIS ᵛ MELINVM
AD ᵛ CLARITATEM ᵛ ET ᵛ CALIGI.
CᵛDEDEMONIS ᵛ MELINV
MᵛADᵛCLARITATEMᵛETᵛKA.

Duret bei Vienne, Essai historique sur la ville
de Nuits (Dijon, 1848) S. 370. — Siehel in den Annales
d'oeulistique LVI, p. 216 ff.

Es ist dies der Stempel, dessen ich schon im Philologus XIV, S. 630 gedacht habe. Er ist 1845 in der

Nähe von Nuits, in den Feldern von Bolar gefunden. — Der Name des Arztes, *C. Dedemo,* besteht nur aus Praenomen und Cognomen, und das letztere ist ein so seltenes, dass es wohl einzig in seiner Art steht; kommt doch auch das griechische Wort, von welchem es hergenommen ist, δειδήμων (furchtsam, feig), nur einmal in der alten Literatur [10]) vor (Τρῶες δειδήμονες bei Homer Il. III, 56). — Unter den Mitteln, welche dieser Stempel darbietet, sind die beiden ersten ebenfalls ganz neu. Ein *Ambrosium* kennen weder die übrigen Augenarztstempel, noch die griechischen und römischen Schriftsteller über Arzneikunde, und ein *Theochistum,* das Sichel evident in *Theochristum* (gottgesalbt) corrigirt, findet sich eben so wenig bei ihnen; allein die uns bekannten Namen *Isotheon, Isochrysum,Aniceton, Uranion, Nectarion* und andere lassen uns nicht zweifeln, dass wir in den beiden hochtrabenden Namen eine ähnliche Renommage und Reclame zu suchen befugt sind, wie in den andern eben genannten. *Epiphora* oder, wie man häufiger findet, *Epiphorae* bezeichnet eine Augenkrankheit, die Sichel a. a. O. S. 128 als *larmoiement causé par une sursécrétion de larmes et symptomatique d'ophthalmie ou d'irritation de la rétine* beschreibt. Der Ausdruck *ad epiphoras* kommt desshalb seltener auf den Augenarzstempeln vor (ausser hier nur noch auf n. 51 und 59), als man hiernach erwarten sollte, weil dafür auch die Bezeichnung *delacrimatorium* gebraucht wird (s. 58. 88. 90); vgl. dagegen Galenus Th. XII, S. 743 ff. Die Formel EX OVO habe ich zu n. 7 erklärt; es bleibt hier nur noch der Zusatz TER zu erläutern übrig, Herr Dr. Sichel erklärt derselbe a. a. O. S. 222 für das Zahl-

---

[10]) Die Stelle bei Nonnus, Dionysiaca XIV, 321, rechne ich hier nicht, da sie offenbar jünger ist, als die Augenarztstempel, und die griechischen Lexica fallen ganz ausser Betracht.

Adverb und fügt hinzu: *Le collyre devait être employé
trois fois seulement, avec du blanc d'oeuf,
pendant le larmoiement et la plus grande violence de
l'inflammation;* er bestätigt diese Erklärung durch das
DIASMYRNES▾BIS▾[*in*] IMPETV▾EX▾OVO des Stempels
n. 47. — Das in den beiden letzten Inschriften dieses
Stempels genannte MELINVM, μήλινον, ist ein Collyrium,
dessen Name von Verschiedenen verschieden erklärt
worden ist. Saxe und Tôchon leiten den Namen von
dem alten Namen des Alaun her, der nach Plinius Hist.
nat. XXXV, 52 *Melinum* von der Insel Melos heisst und
*„oculorum scabritias extenuat, combustum utilius epiphoris
inhibendis."* Walch S. 38 versteht unter Beziehung auf
Plinius Hist. XIII, 1 f. XXIII, 54 eine Quittenöl-Salbe
darunter; vgl. Dioscorides I, 55; Galenus de compos.
mediam. sec. locos II, 1. Th. XII, S. 502. Siehel, Cinq
cachets etc. S. 19, erklärt das Melinum für ein von der
gelben Farbe der Quitte benanntes Collyrium, dessen
Recepte uns Galenus Th. XII, S. 769, 786 und 787 auf
bewahrt hat, ohne dabei des Alaun oder der Quitten als
Ingredienzen zu gedenken. Da namentlich die beiden
letzten Recepte auch gegen ἀμβλυωπία dienen sollen und
das Melinum auf den Augenarztstempeln nicht bloss hier,
sondern auch in n. 48 *ad claritatem et caliginem* gegeben
wird, so möchte die Ansicht Sichel's den Vorzug ver-
dienen. Dass übrigens derselbe Stempel ein Heilmittel
doppelt enthält, ohne irgend einen wesentlichen Unterschied in seiner Bezeiehnung, ist nicht ganz ohne Beispiel.
Wir werden denselben Fall unten in n. 69 wieder finden.

27. Gajus Duronius Ctet . . . . *Avignon.*
C▾DVRON▾CTET ‖ CHELIDO▾AD▾CAL.
Caylus, Recueil d'antiq. Th. VII, Taf. LXXIV,
S. 261. — Gough in Archaeologia IX, S. 242. —

Tôchon a. a. O. n. 16. — Grotefend im Philologus XIII, S. 138, n. 18. Wir haben dieses Stempels schon in dem Vorworte S. 9 als einer der seltenen Proben der Anwendung eines Augenarztstempels auf einem thönernen Gefässe gedacht. — Wie der Name *Duronius* zu den seltneren lateinischen Namen gehört (s. Renier, Inscr. rom. de l'Algérie n. 127, Z. 35 und n. 3211, und die *Duroniae* bei Gruter 837, 12; Murat. 1338, 4; Mommsen, Inscr. regni Neapol. n. 3326; Renier a. a. O. n. 602), so ist auch CTET., mag man nun Κτῆτος oder Κτήτων ergänzen wollen, einer der seltneren griechischen Namen. — Ueber das *Chelidonium ad caligines* ist schon oben zu n. 6 die Rede gewesen.

28. Entimus. *Besançon.*

ENTIMIᵛSᵛSᵛS.
LEN.
ACR.

Sichel in den Annales d'oculistique LVI, S. 292 f. Est ist dies der kleinste der bisher bekannt gewordenen Augenarztstempel, kürzlich von Herrn Dr. Sichel erworben [11]). Die Bedeutung der drei Buchstaben SᵛSᵛS. ist gänzlich unklar, denn die Vorschläge des Herrn Dr. Sichel, *SecretiSSimum* oder *SecuriSSimum* zu lesen, sind doch wohl nicht im Ernste gemeint

---

[11]) Ich habe, wie ich schon oben in dem Vorworte S. 8 Anm. 9 andeutete, Bedenken getragen, den mit diesem Stempel zusammen gefundenen und gleichfalls von Herrn Dr. Sichel erworbenen Stempel mit der Inschrift: C ᵛ LVC ᵛ SABIN. auf einer seiner drei Seiten (Sichel in den Annales d'oculistique LVI, S. 294) unter die Augenarztstempel aufzunehmen, da jede Andeutung mangelt, dass er wirklich zu demselben Zwecke angefertigt ist, wie jene Stempel. Höchstens kann er einem Händler mit Arzneimitteln angehört haben.

gewesen. Des im Ganzen seltenen Namens wegen erinnere
ich an die zu Venosa gefundene Inschrift eines Arztes
Entimus (Mommsen, Inscr. regni Neap. n. 742): C˅
EGNATIVS | ENTIMVS | MEDICVS | SIBI˅ET | EGNATIAE˅
FIRMÆ | CONTVBER˅ET | C˅EGNATIO | ENTIMO˅F˅P.
— Ueber die Bezeichnungen LENe und ACRe vgl. n. 11
und was dort zur Erklärung beigebracht ist.

29. Euelpistus. *Seppois-le-Haut* (Dép. Haut-Rhin).

EVELPISTI ˅ DIAS | MYRN ˅ POST ˅ LIP.
EVELPISTI˅DIAPSO | RIC˅OPOB˅AD˅CLAR.

Revue archéologique XIV, S. 189. — Athenaeum
Français, 1856. Févr. n. 7. S. 138. — Becker in den
Jahrbüchern für Philol. und Pädag. 1858. LXXVII, S. 588.
— Grotefend im Philologus XIII, 138, n. 19. — Klein
in den Bonner Jahrbüchern XXVI, S. 175. — Brambach,
Corpus inscr. Rhenan. n. 1920.

Eines berühmten Arztes *Euelpistus, Phlegetis filius*,
der zu Rom vorzüglich Chirurgie getrieben habe, gedenkt
Celsus in der Vorrede zum siebenten Buche; auch der
Terentius Velpistus, dessen Buch über die Heilkräfte der
Kräuter Marcellus Empiricus S. 247 ed. Steph. anführt,
möchte wohl ein *Euelpistus* gewesen sein; verschieden
davon wird aber jedenfalls der *Euelpides* gewesen sein,
qui aetate nostra maximus fuit ocularius medicus, wie
Celsus VI, 6, 8. 17. 20. 21. 22 sagt; vgl. Galenus Th. XII,
S. 767. Ob unser Euelpistus mit einem dieser berühmten
Männer etwas zu schaffen habe, wage ich nicht zu entscheiden. — Die Lesung der Mittel dieses Stempels geht
aus dem oben Vorgekommenen hinlänglich hervor; über
das *Diasmyrnes post lippitudinem* s. die Erläuterungen zu
n. 7, über das *Diapsoricum opobalsamatum ad claritatem*
zu n. 6 und 20.

29ᵇ. **Ferox.** *Lyon.*

FEROCIS ˅ ANICET X ‖ AD ˅ ASPRITVDIN.

Von diesem in der Saône gefundenen Stempel, der
jetzt im Museum zu Lyon aufbewahrt wird, habe ich
durch die Güte des Herrn de la Saussaye zu Lyon einen
Abdruck erhalten. Die Schrift des Stempels ist zierlich
und mit Ausnahme des VM am Schlusse der ersten Zeile
ohne Ligatur. — Das *Anicetum*, ἀνίκητον, beschreibt uns
Oribasius Synops. III, S. 51. Auf n. 86 werden wir ein
Mittel desselben Namens kennen lernen, das AD ˅ DIA-
THE*ses* angewandt werden soll. — Galenus Th. XII,
S. 761 und Aëtius II, 3, 100 kennen ein Collyrium genannt ἀνίκητος ἀστήρ.

30. **Gajus Firmius Severus.** *Reims.*

G˅FIRM˅SEVER˅DIASMY.

S i c h e l in den Annales d'oculistique LVI, S. 253.

Dieser Stempel, jetzt im Museum von St. Germain en
Laye, bildet ein unregelmässiges Viereck, 50 Millimeter
lang, 18—20 Millimeter breit und 6 Millimeter dick. Die
Buchstaben der Inschrift sind 4 Millimeter hoch. Eine
der Seiten ist anscheinend abgeschabt. — Dass die in
unserer Ueberschrift gegebene, von Herrn Dr. S i c h e l
fest angenommene Ergänzung der Namen des Augenarztes
nicht so ganz sicher sei, sehen wir aus der Vergleichung
anderer Inschriften. In einer Cumanischen Inschrift bei
Mommsen, Inser. Neap. n. 2558, kommt unter den Den-
drophoren neben einem *A. Firmius Polybius* und einem
A. Firmius Felicianus auch ein *A. Firmius Severus* vor;
dagegen setzte, nach einer Genfer Inschrift bei Mommsen,
Inser. conf. Helvet. n. 64, ein Soldat der Legio VIII
Augusta *Firmidius Severinus* dem Deus Invictus im

7

Jahre 201 n. Chr. einen Gelübdealtar. Es fragt sich
demnach, ob unser Augenarzt nicht etwa auch *Firmidius*
Severinus geheissen habe. — Das *Diasmyrnes* ist hinlänglich besprochen.

31. Decimus Flavianus. *Paris.*

[DECIMI ▾]FLAVIANI
[ALBV]M ▾ LENE ▾ M ▾ AD
[LIPPIT]VDINEM▾OCVLO.
DECIMI▾F[LAVI]
ANI▾COLL[YRIVM]
MIXTVM ▾ C▨▨▨▨

Gough in Archaeologia IX, S. 235 f. — Tôchon
a. a. O. n. 12. — Duchalais a. a. O. S. 188, not. —
Grotefend im Philologus XIII, S. 133, n. 20.

Zwei dreizeilige Inschriften, von denen der ersten
der Anfang der Zeilen, der zweiten das Ende derselben
mit je vier bis sechs Buchstaben fehlt. — Wenn ich oben
den Nominativ des ersten Arztnamens *Decimus* bildete,
ging ich dabei von der Ansicht aus, dass *Decimus* das
Praenomen des Mannes gewesen sei, dessen Nomen, wie
bei dem *C. Dedemo* in n. 26, fehlte. Es darf indess
nicht verhehlt werden, dass ebensowohl ein Nomen
Decimius hier Platz greifen könnte, so dass der Mann
kein Pränomen hätte. Einen Arzt mit dem Namen
Flavianus nennt uns Galenus Th. XIII, S. 72; da er ihn
mit dem Beinamen Κρής bezeichnet, wird er mit dem
Augenarzte unseres Stempels wohl nichts zu thun haben.
— Ueber das Mittel der ersten Inschrift vgl. oben die Erläuterungen zu n. 10. Das COLL*yrium* MIXTVM der
zweiten Inschrift erinnert an das Μεμιγμένον *Euelpidis*
collyrium des Celsus VI, 6, 17 f. Wie das letzte mit C
anfangende Wort zu ergänzen sein möge, wird wohl stets
unbestimmt bleiben. Möglich wäre die Ergänzung *Crocodes*.

23. Titus Flavius Respectus und Gajus Julius Musicus. *Worms.*

T ˅ FL ˅ RESPECTI ˅ STACTVM
OPOBAL ˅ AD ˅ CLARITATEM.
T ˅ FL ˅ RESPECTI ˅ DABSOR
OPOBALS ˅ AD ˅ CLARITAT.
T ˅ FL ˅ RESPECTI ˅ DIAMYSIO
▨▨▨▨▨▨▨▨▨▨▨▨▨▨▨▨
C ˅ IVL ˅ MVSICI.

Klein, Hessische Ludwigsbahn, S. 106 (vgl. Bonner Jahrbb. XXVI, S. 174). — Becker in der Zeitschrift für die Alterthumswiss. 1857, S. 43 f. (vrgl. Jahrbb. für Philologie und Pädagogik 1858. LXXVII, S. 587). — Grotefend im Philologus XIII, S. 139, n. 21. — Osann im Philologus XIV, S. 633 ff. — Brambach, Corp. inscript. Rhenan. n. 887.

Dieser 1846 auf dem Grundstücke des Herrn Bandel zu Worms gefundene Stein zeichnet sich durch seine von den übrigen Stempeln abweichende Form aus [11]); während diese meistentheils die Inschriften auf den schmalen Seiten eines quadratischen Plättchens zeigen, haben wir hier die Inschriften auf den langen Seiten eines Parallelepipedums, und die beiden zuletzt aufgeführten Seiten lassen die zweite Zeile ganz frei. Die letzte zeigt sogar nur die erste Hälfte der ersten Zeile beschrieben; indess bemerkt man in der zweiten Zeile der dritten Seite, wie es scheint, die Reste einer nicht völlig abgeschliffenen Inschrift (MY ---- I -------- C^C ist noch sichtbar). Bei diesem Abschleifen ist die Form des Parallelepipedums etwas konisch geworden, wodurch die oberen Züge der zweiten Seite mit weggenommen

---

[11]) Est ist ein sonderbarer Irrthum von Osann, wenn er a. a, O. 633 sagt: „Der Stein ist, wie die meisten Monumente dieser Art, ein Parallelepipedon."

sind, so dass z. B. das I über dem T in dem Worte
RESPECTI, das auf Seite 1 und 3 deutlich hervortritt,
auf dieser Seite nicht zu sehen ist, vielleicht auch ein
übergeschriebenes I in dem Worte DABSOR. verloren
gegangen ist. Auf dem Kopfe des Parallelepipedums
ist ein M eingeschnitten. Die Inschriften der Seiten
1 und 3 sind von derselben zierlichen Hand eingeschnitten,
während die Seiten 2 und 4 von etwas roherer, unge-
übterer Hand| gearbeitet zu sein scheinen. Dass die
letzteren beiden Seiten von anderer Hand gearbeitet
sind, als die erstgenannten, zeigt sich auch dadurch,
dass auf der Seite 1 und 3 die beiden Zeilen durch
einen einfachen Strich getrennt sind, der auf Seite 2
ganz fehlt und auf Seite 4 verdoppelt ist. Hinter dem
Namen MVSICI hat, wie es scheint, Nichts weiter gestanden, es bleibt aber Raum genug für den Namen
eines Mittels; es ist desshalb zu bezweifeln, ob C. Julius
Musicus etwa auch nur ein Händler war, der die Heilmittel des T. Flavius Respectus vertrieb. Seine Mittel,
sowohl das *Stactum* und das *Diapsoricum opobalsamatum
ad claritatem,* als das *Diamisyos,* sind schon mehrfach
dagewesen und bedürfen keiner Erläuterung mehr.

33. Flavius Theo. *Paris.*

FL ᵛ THEONISᵛADᵛSIC ‖ LIPᵛETᵛCLARITATEM.

FL ᵛ THEO▨▨ ▨▨SIC ᵛ LI ‖ ▨▨▨▨▨▨▨▨▨▨▨▨▨▨▨▨

▨▨▨▨▨▨▨▨▨▨▨▨▨▨ ‖ SVP ᵛ ET ▨▨▨▨ VSTI.

Sichel in den Annales d'oculistique LVI, S. 228 ff.
Dieser aus dem Nachlasse des bekannten Tôchon
d'Annecy stammende Stein, jetzt im Besitze des Herrn
Dr. Sichel, ist stark lädirt; die Inschriften der zweiten
und dritten Seite sind kaum noch zu erkennen, auch die
oben vollständig gegebenen Buchstaben existiren nur

noeh unvollständig. Die Inschriften der ersten und zweiten Seite geben ein ungenanntes Mittel gegen die *sicca lippitudo*, die ξηροφθαλμία, die Celsus VI, 6, 29 durch *arida lippitudo* übersetzt. Es war also dies Mittel ein *Psoricum* oder, wie Seribonius Largus IV, 32 sagt: *Collyrium psoricum ad caliginem et aspritudinem oculorum siccamque perturbationem sine tumore* (Dr. Sieh el emendirt hier sehr gut: *humore*), *quam* ξηροφθαλμίαν *appellant*. Die dritte Seite ergänzt Herr Dr. Sichel: *Fl. Theonis ad suppurationem et oculorum postulas*, oder *et oculorum ustiones*. Den Ausdruck *suppuratio* finden wir auch in n. 9, 24 und 91. Wegen der beiden Ergänzungsversuche des Folgenden verweiset Herr Dr. Sichel auf zwei Stellen des Seribonius Largus III, 26: *hoc quod etiam ad pustulas papulasque et ad suppurationes oculorum facit*, und III, 27: *Collyrium Psittacinum facit ad ustiones et solutas cicatrices*.

34. Publius Fulvius Cotta. *Autun* (Bourgogne).

P ⋎ FVLVI ⋎ COTT░░░ ‖ OBOBALSAMA ░░░░
P ⋎ F░░░░░░░░░░ ‖ OI ░░░░░░░░░░░░

Duchalais in den Mémoires de la soc. des antiq. de France XVIII, S. 192. — Grotefend im Philologus XIII, S. 140, n. 22. — Sieh el in den Annales d'oeulistique LVI, S. 132.

Von diesem jetzt im Besitze des Herrn Dr. Sieh el sich befindenden Stempel ist leider nur das Bruchstück einer Seite mit einem kleinen Reste der daran stossenden Seite erhalten. Glücklicher Weise erfahren wir den Namen des Augenarztes aus diesen Bruchstücken. Weniger glücklich sind wir in Betreff der Mittel. In der ersten Inschrift ist entschieden eins der mit Opobalsamum versetzten Mittel genannt, ob dies aber ein *Stactum*, oder ein *Diapsoricum,* oder ein *Evodes* war, können wir nicht bestimmen. In dem Anfange der zweiten Zeile las Duchalais OM und ich schloss daraus früher auf ein *ar*OM*aticum* (vrgl. n. 104 und Galenus Th. XII, S. 784 f.); Herr Dr. Sichel erklärt aber, es sei nur ein I noch sichtbar, das sehr wohl ein P sein könne. Wenn Herr Dr. Sichel aber daraus schliesst, dass die zweite Seite dieselbe Inschrift enthalten habe, wie die erste, so übersieht er offenbar, dass ausser dem *Stactum opobalsamatum,* wie wir oben berührten, noch andere Collyrien als *opobalsamata* genannt werden.

35. Gajus Fuscianus Justus und Senius Matidianus. *Compiègne.*

C·FVSCIANI·IVSTI ‖ DIAROD·AD·IMPET.
SEN·MATIDIANI ‖ DIACHOLES.

Sichel in den Annales d'oculistique LVI, S. 272 ff.

Ueber die Namen der beiden auf diesem Stempel verbundenen Aerzte habe ich nur eine Bemerkung zu machen. Den ersten Namen des zweiten Arztes ergänzt Herr Dr. Sichel unbedenklich *Sentius;* da der Name *Senius* gleichfalls durch Inschriften hinlänglich documentirt ist (vrgl. Mommsen, Inscr. Neap. n. 2814; Kellermann, Vigiles 114, 2, 4; Renier, Inscr. de l'Algér. 100, B, 22.), so möchte ich diesen Namen als den einfacheren hier vorziehen. — Ueber das Diarhodon (διὰ ῥόδων,) habe ich schon zu n. 4 das Nöthige gesagt; dort und in n. 93 finden wir es gleichfalls mit dem Zusatze AD IMPET*um*. — Das Mittel des zweiten Arztes wird uns weder auf einem andern der vielen Augenarztstempel, noch von irgend einem der griechischen und römischen Schriftsteller über Arzneikunde genannt. Der Name, der aus

dem griechischen διά χολῆς stammt, bezeichnet einen
seiner Hauptbestandtheile, Galle, und Galenus de simpl.
medicam. temperamentis ac facultat. X, cap. 13, Th. XII,
S. 276 ed. Kühn (vgl. de compos. medicam. sec. locos IV,
cap. 5, 7 und 8, Th. XII, S. 724 f. 737 ff. 778. 782), bestätigt den Gebrauch von Thiergalle bei Bereitung von
Augenheilmitteln.

36. Glyptus. *Wien.*

GLY - PTI zu beiden Seiten eines Aesculapkopfes.
STACTV.
PSORI.

von Saeken und Kenner, Die Sammlungen des
k. k. Münz- und Antiken-Cabinets S. 128, n. 13. —
Grotefend im Philologus XXV, S. 155, n. 82.

Der Fundort dieses Stempels, der jetzt im k. k.
Münz- und Antiken-Cabinet zu Wien aufbewahrt wird,
ist unbekannt. — Der Name des Augenarztes, *Glyptus*,
der sich als Arzt durch einen Aesculapkopf auch bildlich
documentirt, gehört zu den seltneren, ist jedoch verschiedentlich nachzuweisen. So findet man einen *Glyptus*
in einer Inschrift bei Muratori 1490, 8, einen Γλύπτος im
Corpus Inser. grace. n. 307, einen *C. Latinius Glyptus*
in dem Verzeichnisse der *Tribus Suburana junior* aus
dem Jahre 70 n. Chr. bei Mommsen Inser. regni Neap.
n. 6769, III, 59, endlich eine *Glypte* daselbst n. 3133.
Die ersten Herausgeber der Inschrift, die in der Transscription derselben den Namen mit einem kleinen Anfangsbuchstaben *(glypti)* und zwischen die beiden andern
Inschriften stellen, scheinen in dem Worte ein (freilich
unbekanntes) Arzneimittel gesehen zu haben. Die
Eigenthümlichkeit, dass man bei dem Gebrauche dieses
Stempels zu einem der darauf verzeichneten beiden Mittel

die den Namen des Erfinders oder Verfertigers enthaltende
Seite zugleich mit abdrucken musste, haben wir ähnlich
auf n. 16 und 28 gesehen und werden sie in n. 38 wiederfinden. Die Namen der Collyrien *Stactum* und *Psoricum*
sind bekannt; über das letztere vgl. namentlich die Erläuterungen zu n. 6.

37. Publius Helius Facilis. *Vienne* (Dauphiné).

P˅HELI˅FACILIS˅CROCOD
ES ˅ AD ˅ ASPRITVDINEM.
P ˅ HELI ˅ FACILIS ˅ DI
AMISVS˅AD˅CICATR.
P ˅ HELI ˅ FACILIS ˅ DIASMVR
NES˅POST˅IMPETVM˅DROM.
P˅HELI˅FACILIS˅SI
A▨▨▨▨▨▨▨▨▨▨▨

Siehel in den Annales d'oeulistique LVI, S. 271 f.

Den Namen des Augenarztes, welchem wir diesen
Stempel verdanken, liest Herr Dr. Siehel *Pheli*, will
aber nicht entscheiden, ob *Phelippus* statt *Philippus* zu
ergänzen sei, oder ob ein Fehler des Stempelschneiders,
die er nur zu leicht in Anspruch zu nehmen pflegt,
obwalte. Ich bin der Ansicht, dass der erste Buchstabe
als Praenomen *Publii* von dem folgenden *Helii* zu trennen
sei. Der Name *Helius* findet sich auf acht Inschriften bei
Muratori und einer bei Cardinali, und wenn wir auch
zugeben können, dass die eine oder andere dieser Inschriften ungenau copirt sei, so wird das doch nicht von
allen behauptet werden können. Ich erinnere auch noch
an den Namen IVNI ˅ HELI, den wir auf n. 10 unserer
Stempel gefunden haben, und den ich allerdings, da nicht
ein Nomen, sondern ein Cognomen verlangt wurde, lieber
in *Heliodori* zu ergänzen geneigt war, als *Helii* lesen

wollte. — Die Mittel sind der Hauptsache nach bekannt,
dennoch muss ich einige Bemerkungen hinzufügen. Bei
dem zweiten ist die Präposition *ad* mit einem *t* geschrieben,
wie in ATᵛALBAS auf n. 47 und in ATᵛASPRITVDINES
auf n. 65. Das DROM. am Schlusse der dritten Inschrift
corrigirt Herr Dr. Sichel in EXᵛOVO. Wenn gleich
diese Correctur so unwahrscheinlich ist als möglich, so
weiss ich doch nichts Besseres, wenn man nicht etwa
AROM*aticum* trotz der Stellung hinter *post impetum* lesen
will, die sich indess durch das *Isochryson ad scabritiem
et claritatem opobalsamatum* auf n. 55 rechtfertigen lässt
(vgl. auch n. 97). Ein κολλύριον ἀρωματικὸν ἐπιγραφόμενον
giebt uns Galenus Th. XII, S. 784 und gleich darauf
ʿΗρακλείδου ἀρωματικὸν κροκῶδες δι᾽ αἱματίτου; warum soll
da nicht auch ein *Diasmyrnes aromaticum* existiren
können. Vielleicht lässt eine Vergleichung des augen-
blicklich in dem Museum zu Vienne, das gerade der
Aufnahme in ein neues Local harrt, verkramten Stempels
das Richtige dereinst erkennen. Wenn Herr Dr. Sichel
in dem vierten Mittel, wie in der zweiten Inschrift, ein
D*l*amisus A*d cicatrices* erblicken will, so thut er den
in der Zeichnung gegebenen Buchstaben unnöthigen Zwang
an. Es wird wohl ein ST᾿‖A*ctum* sein, das in der vierten
Inschrift genannt ist.

38. Hirpidius Polytimus. *Lyon.*

HIRPIDIᵛPOLYTIMI
DICENTETVM.
DIAGLAVCEV.
ACHARISTVM.   .

Sichel, Cinq cachets S. 15 ff. — Duchalais a.
a. O. S. 208. — Boissieu, Inscriptions de Lyon S. 453.

— Grotefend im Philologus XIII, S. 140, n. 23. —
Comarmond, Musée lapidaire de Lyon S. 426, n. 15.
Wir haben schon oben, zu n. 36, von der Eigenthümlichkeit gesprochen, wodurch sich dieser Stein
vor den meisten andern Augenarztstempeln auszeichnet.
Während die Letzteren auf jeder ihrer Seiten in zwei
Zeilen den Namen des Augenarztes in Gemeinschaft mit
dem Arzneimittel desselben enthalten, giebt dieser Stempel
nur auf drei Seiten Etiketten von Heilmitteln und auf
der vierten den Namen des Erfinders oder Verfertigers;
er beschränkt sich daher auch auf eine Zeile. — Der
Name *Hirpidius* kommt im Alterthume nur sehr selten
vor; ein *C. Hirpidius Memor* findet sich bei Muratori 707, 2,
ein *C. Hirpidius Filocalus* bei Kellermann, Vigiles I, 2, 69.
Aus dem Zunamen *Polytimus* hat Siebel mit Unrecht ein
POLYTIM*etum* machen wollen und dadurch die Zahl der
Collyrien um eine Nummer bereichert, die nie existirt hat.
Durch die Verwandlung dieses Mittels in einen Eigennamen des Verfertigers wird auch das Bedenken gehoben,
das sich nothwendig aufwerfen musste, wenn man auf
demselben Stempel ein Mittel mit dem Namen des Verfertigers und drei Mittel ohne denselben fand, wesshalb
sich denn auch Herr Dr. Siebel zu der Erklärung ge-
zwungen sieht: *La manière dont le mot* Hirpidius *est
placé, fait croire que d'ordinaire plusieurs collyres étaient
vendus à la fois, à moins qu'on n'imprimât une empreinte
du nom de l'oculiste sur chaque boîte, avant de la marquer
du titre du médicament.* — *Dicentetum*, διχέντητον, ist ein
Collyrium, dessen Recept nach des Augenarztes Demo-
sthenes Vorschrift Aëtius II, 3, c. 48. 77. 110 uns aufbewahrt hat. Die Lesart διχέντητον, die in den Ausgaben
des Aëtius mit der Lesart διαχέντητον wechselt, wird
durch diesen Stempel, zugleich aber auch durch zwei
von Siebel verglichene Pariser Handschriften des Aëtius

festgestellt und muss in den griechischen und lateinischen Lexicis nachgetragen werden. Vgl. Sichel a. a. O. S. 17; Oribas.·III, S. 51 ed. Steph. Der Stempel n. 60 giebt statt der griechischen Benennung die lateinische Uebersetzung derselben BIS ᵀ PVNCTVM. — *Diaglauceu*, griechisch διὰ γλαυκείου, aus Glauceum oder Glaucium, dem Schöllkraut, bereitet, bietet uns dieselbe Namenbildung, wie *Dialibanu, Dialepidos, Diasmyrnes*, und wir brauchen daher durchaus nicht an eine Ergänzung DIAGLAVCEVm zu denken, welche Herr Sichel vorschlägt; vielmehr wird, wie Osann im Philologus XIV, S. 635 f. richtig bemerkt, bei Plinius Hist. nat. XXVII, 10, 59, wo die besten Handschriften: *hinc temperatur collyrium, quod medici diaglaucia vocant,* geben, die auf unserem Stempel aufbewahrte richtige Form *diaglauciu* herzustellen sein. Die Form *glaucēum* statt des gewöhnlicheren *glaucium* hat übrigens auch Columella de cultu hortorum v. 104 bewahrt; vgl. Scribonius Largus de compos. medicam. c. 22; Dioscorides III, 90; Galenus Th. XII, S. 746; Marcellus Empiricus c. 8. — Das dritte auf diesem Stempel verzeichnete Mittel ist ACHARISTVM. Celsus VI, 6, 6, giebt uns ein *Theodoti collyrium, acharistum appellatum;* Marcellus Empiricus c. 8 berichtet über ein *Collyrium acharistum Theodotium ab Antigono inventum, ad omnem epiphoram et omne vitium oculorum;* Galenus nennt uns Th. XII, S. 731: ἐκ τῶν Φιλοξένου ξηρὸν ἀχάριστον und ebendas. S. 749: τὸ ἀχάριστον ἐπιγραφόμενον, πρὸς τὰς μεγίστας ἐπιφοράς. Letzteres war in Aegypten καὶ μάλιστα ἐπὶ τῶν ἀγροικοτέρων ausserordentlich beliebt; es findet sich auch bei Nicolaus Myrepsus XXIV, 58 und ähnlich bei Marcellus Empiricus c. 8, bei Oribasius III, S. 50 und Aëtius II, 3, 77 und 102.

39. Lucius Julius Amandus und S. Pientius (?) Supersus (?). *Bavay* (Dép.du Nord).

LᵧIVLᵧAMANDI ‖ DIAMIᵧADᵧVETᵧ▨▨▨.
LᵧIᵧAMANDI ‖ PENICILEMᵧEXᵧO.
SᵧPIENTIᵧSVPERSI ‖ EVVODᵧADᵧGENᵧSC.

Sichel in den Annales d'oculistique LVI, S. 119 ff.
Die Inschriften, welche wir hier genau nach Herr
Dr. Sichel geben, nehmen die erste, dritte und vierte
Seite des Stempels ein; die der zweiten ist, wie es scheint,
absichtlich vernichtet; die noch übrigen wenigen Buchstaben derselben lassen Herrn Dr. Sichel vermuthen,
dass sie den in der vierten Zeile erhaltenen Namen enthalten habe. Die Namen des ersten Arztes sind deutlich;
auch bei Kellermann Vigiles 2, 1, 34 findet sich ein
Soldat Namens *Julius Amandus,* und bei Brambach Corp.
inscr. Rhenan. n. 617 findet sich ein *M. Julius Amandus.*
Schwieriger ist der Name des zweiten Arztes. Herr Dr.
Sichel nennt ihn S. 121: *Sextus Pientus Supersus;* verbessert sich aber S. 247, indem er bei *Pienti* ein *s* aus-
gefallen denkt und einen Nominativ *Piens* bildet, von
welchem er behauptet, er sei auf Inschriften häufig. Ich
erinnere mich nicht, jemals den Namen gefunden zu
haben; vermuthlich hat sich Herr Dr. Sichel durch die
spätrömische Form *pientissimus* für *piissimus* irre leiten
lassen. Vielleicht sind die beiden ersten Buchstaben der
Zeile zusammenzufassen und SP*urius* zu deuten; alsdann
bliebe ein Name, den ich mit leichter Correctur LENTI*us*
oder LENT*inius* lesen möchte. Ein *P. Lentius Peregrinus*
findet sich bei Mommsen Inscr. Neap. n. 6769 [12]), ein

---

[12]) Indess darf hier nicht verhehlt werden, dass an dieser Stelle,
da die Namen in der Inschrift alphabetisch geordnet sind, eher
SENTIVS als LENTIVS zu erwarten wäre. Der vorhergehende
Name ist *P. Roscius Crescens.*

Lentinius Priscianus bei Renier Inser. rom. de l'Algérie n. 3798. Auch das Cognomen dieses Arztes bedarf einer Verbesserung, denn ein Name wie *Supersus* ist offenbar ein Unding; allein ich schwanke, ob ich SVPERI, SVPERBI oder SVPERST*itis* als das Richtige vorschlagen soll. Jedenfalls hat ein *Spurius Lentius Superbus* oder ein *Spurius Lentinius Superstes* ein römischeres Ansehen, als ein *S. Pientius Supersus*, und nur die Ungewissheit, welcher Form ich den Vorzug geben solle, hat mich bewogen in der Ueberschrift die letztere Lesart beizubehalten. — Ueber das *Diamisus ad veteres cicatrices* ist oben schon gesprochen worden (s. die Erläuterungen zu n. 4 und 7.) — Wie das Mittel der dritten (zweiten) Seite geheissen hat, zeigt uns eine Vergleichung mit n. 14 und 49. In dem letzteren dieser Stempel findet sich: M ˅ IVL ˅ SATYRI ˅ PENICIL ˅ LENE ˅ EX ˅ OVO; darnach muss auch hier: *Lucii Iulii* AMANDI PENICI*llum* LEN*e* EX *Ovo* gelesen werden. Herr Dr. Sichel nimmt PENICILEM *pour* PENICILLVM, *par l'incurie et l'ignorance du graveur.* Die Verwechselung von M und N scheint mir jedoch näher zu liegen. — Ueber das *Evodes* und die öfter vorkommende Schreibart EVVODES sind die Erläuterungen zu n. 15 und 25 nachzusehen; die richtige Deutung des hier daneben gegebenen Zusatzes AD˅GEN˅SC. lehrt uns n. 54, wo ein DIAPSORICVM˅AD˅GEN˅SCIS*sas* verzeichnet ist. — Schliesslich muss ich noch hinzufügen, dass Herr Dr. Sichel als wahrscheinlichen Grund der Abschleifung der zweiten Seite dieses Stempels annimmt, Julius Amandus sei der Nachfolger des andern hier genannten Arztes im Besitze dieses Stempels gewesen und habe dessen Heilmittel, das er nicht mehr geführt habe, darauf vernichtet, auf die leeren Seiten aber seine eigenen Heilmittel eingraben lassen.

40. Titus Julius Attalus. *Paris.*

TˎIVLˎATTALI | DIAELYDRIV.

Tˎ I ˎA ‖ CROC ˎ DIAL.

TˎIVLˎATAL ‖ DIACYL.

PYX ˎ Tˎ I ˎ A.

Siehel in den Annales d'oeulistique LVI, S. 111 ff.

Interessant bei diesem Stempel ist die Abkürzung des Arztnamens auf der zweiten und vierten Seite zu drei Anfangsbuehstaben, wie auf dem Stempel n. 1. Interessant ist auch, dass auch bei diesem Stempel, wie es schon einigemal bemerkt worden, die vierte Seite, die nur eine Zeile enthält, weit schlechter gravirt ist, als die der übrigen. — Ein Mittel, wie es die erste Seite geben soll, DIAELYDRIV, nennen uns die Sehriften der Alten über Augenheilkunde so wenig, als die übrigen Augenarztstempel. Herr Dr. Siehel vermuthet, dass der Gravcur einen Irrthum begangen habe, und entweder DIHYDRIVm, wobei er auf Paulus Aegin. VII, 16 verweist, oder, was er für wahrscheinlicher hält, DIALEPIDIVm habe sehreiben sollen. Abgesehen davon, dass die gewöhnliche und richtige Form des letzteren Collyriums nicht *Dialepidium*, sondern *Dialepidos* lautet und dass auch die zweite Seite unseres Stempels dasselbe Mittel, wenn auch, wie auf n. 10, 14 und 57, mit dem Zusatze *Crocodes*, bietet, ist doch die Form der Buehstaben, namentlich in der zweiten Hälfte des Wortes, zu abweichend, als dass man Herrn Dr. Siehel beistimmen könnte. Dagegen würde ein DIHYDRIVm und allenfalls auch ein DIAHYDRIVm durch die Uebereinstimmung der meisten Buehstaben sich empfehlen, der Hiatus in der zweiten Form bei der unorthographischen Sehreibung der Inschrift auf der dritten Seite auch nicht gerade stören; aber ich weiss nicht, wie ich mir die Entstehung des

Wortes denken soll, da doch nach Analogie der übrigen
Namen von Collyrien, welche mit DIA anfangen, das
Substantiv den Stoff angeben muss, aus dem das Collyrium
hauptsächlich bereitet ist, und ein Stoff, der ὕδριον genannt wäre, mir nicht bekannt ist. — Das Mittel der
dritten Seite, DIACYL., ist wohl nichts Anderes als
Diachylon, διὰ χυλῶν (Aëtius II, 3, 100), ein Heilmittel,
das grösstentheils aus Pflanzensäften hergestellt ist. —
Das Mittel der vierten Seite ist: PYX*inon* T*iti* I*ulii* A*ttici*
zu lesen und enthält ein Mittel, das sonst keiner der
übrigen Augenarztstempel anpreist, das wir aber aus
Celsus VI, 6, 25 und 30 kennen. Es hatte seinen Namen
von der Art seiner Aufbewahrung *(in pyxidicula servatur*,
Cels. VI, 6, 5). Ueber die Stellung des Arztnamens in
diesem Falle vgl. die Erläuterungen zu n. 16.

41. Marcus Julius Charito. *Dijon.*

M▾IVL▾CHARITON ‖ ISOCHRYS▾AD▾CLAR.
M ▾IVL ▾ CHARITO ‖ NIS▾DIAPS▾A▨▨▨▨▨▨▨
M▾IVL▾CHARITONIS ‖ DIARHOD▾AD▾FERV.
M▾IVL▾CHARITONIS ‖ DIASMYRN▨▨▨▨D▾E▨▨▨

W es s e l i n g in den Actis societ. lat. Jenensis III,
S. 49 f. — G o u g h a. a. O. IX, S. 232. — T ô c h o n
d'Annecy n. 5. — G r o t e f e n d im Philologus XIII, S. 141,
n. 24.

Einen Arzt *Charito* nennt uns Galenus Th. XIII,
S. 180. — Die auf den beiden ersten Seiten dieses
Stempels genannten Mittel sind oben schon besprochen
worden, das *Isochryson* zu n. 1, das *Diapsoricum* zu
n. 6; ob aber bei dem letzteren *ad caliginem* oder *ad
claritatem* oder was sonst zu suppliren sein möge, lässt
sich nicht angeben. Ueber das *Diarhodon* haben wir zu

n. 4 schon das Nöthige beigebracht. Hier dient das Mittel, abweichend von den übrigen Stempeln, AD FER-Vorem. Zur Ergänzung der letzten Seite wüsste ich nichts Besseres zu bieten, als was schon Wesseling a. a. O. S. 50 giebt: DIASMYRNes aD Epiphoras.

42. Tiberius Julius Clarus. *Lillebonne* (Normandie).

TIBᵥIVLᵥCLARIᵥDI ‖ ALIBANVᵥADᵥIMP.
TIBᵥIVLᵥCLARIᵥDI ‖ ARHODONᵥPᵥIMP.
TIBᵥIVLᵥCLARI ‖ DIAMISᵥADᵥVᵥC.
TIBᵥIVLᵥCLARIᵥDI ‖ ALEPIDᵥADᵥASPR.

Tôchon d'Annecy n. 21. Taf. 3. — Grotefend im Philologus XIII, S. 142, n. 25. — Cochet in de Caumont's Bulletin monumental XXI, S. 289.

Alle die hier verzeichneten Mittel, *Dialibanu ad impetum*, *Diarhodon post impetum*, *Diamisyos ad veteres cicatrices*, *Dialepidos ad aspritudinem*, erklären sich aus dem Obigen. Ueber den Unterschied der Ausdrücke *ad impetum* und *post impetum* s. die Erläuterungen zu n. 7.

43. Gajus Julius Dionysodorus. *Verona*, jetzt in Paris.

CᵥIVLᵥDIONYSODORI ‖ DIAMISVSᵥADᵥVETᵥCI.
CᵥIVLᵥDIONYSODO ‖ RIᵥPACCIANᵥADIAT.

Tôchon d'Annecy n. 10. — Grotefend im Philologus XIII, S. 142, n. 26. — Vgl. Gough a. a. O. S. 235.

Einen Arzt Namens *Dionysodorus* nennt uns Galenus Th. XII, S. 409. Ob das der unsrige, steht dahin. — Auch hier haben wir wieder ein *Diamisus ad veteres cicatrices;* dann wird uns ein PACCIAN*um* A*d* DIAT*heses* geboten, wahrscheinlich ein ähnliches Collyrium, wie Galenus Th. XII, S. 760 unter dem Namen τὸ διὰ ῥῆς Σαμίας Παχχίου ὀφθαλμιχοῦ πρὸς τὰς ἐπιτεταμένας δια· θέσεις aufführt, und welches verschieden ist von dem *Crocodes Paccianum,* das wir in n. 50 und 57 sehen werden, dem Παχχιανὸν δι' οἴνου χροχῶδες des Galenus Th. XII, S. 715. Eigenthümlich ist die Schreibart ADIAT, wobei noch die beiden ersten Buchstaben durch Ligatur verbunden sind, für AD DIAT.

44. Lucius Julius Docilas. *Besançon.*

L▾I▾DOCILAE▾PENICIL ‖ LVM▾AVTHEMER▾EX▾☉.
L▾I▾DOCILAE▾DIACINNA ‖ BAREOS▾AD▾CLAR▾OCVL.
L▾I▾DOCILAE▾CROCO ‖ DES▾DIAMYSEOS▾AD.
L▾I▾DOCIL▾AMBROSIVM ‖ OPOBALSAM▾AD▾CLA†R.

Sichel, in den Annales d'oculistique LVI, S. 282 ff.

Auf den Flächen des Plättchens sind mehrere schlecht gravirte Buchstaben eingegraben und zwar rechtläufig, also nicht zum Stempeln geeignet; auf der einen Seite ist der volle Name des Augenarztes LIDOCILAE deutlich zu erkennen, und zwar hier ohne die Punkte, die nach den Abkürzungen in den andern Inschriften dieses Stempels nie fehlen. — Der Zuname des Augenarztes, *Docilas,* ist nicht bloss für die römischen Inschriften völlig neu, sondern auch auf griechischen Inschriften und in der ganzen griechischen Literatur, so viel mir bekannt, bisher nicht vorgekommen. Er scheint übrigens griechischen und zwar dorischen Ursprungs und von δοχέω und λαός abzuleiten zu sein; vgl. die Namen des Prokliden Χαρίλας, des Spartaners Δαμασίλας (Corp. inscr. Gr. 1295), des Ἀντίλας, des Vaters des Dichters Damostratos (Anth. Grace. II. p. 259 ed. Brunck.), und andere bei Ahrens

9

de dialecto Dorica S. 199 und 266. — Ein *Penicillum lene
ad omnem lippitudinem ex ovo* hatten wir in n. 14; vgl. auch
n. 49, 59, 64, 65. Hier heisst dasselbe *authemerum ex
ovo;* vgl. über dieses Epitheton die Erläuterungen zu
n. 9 und 11. — Das *Diacinnabareos* des Docilas heisst
bei Galenus de compos. medieam. sce. locos IV, Th. XII,
S. 786 nur Κινναβάριον, und zwar nennt uns Galenus an
der angeführten Stelle nach dem Kühnschen Texte ein
Κινναβάριον ἀξίου ὀφθαλμικοῦ Στόλου Βρεττανικοῦ. Die
lateinische Uebersetzung giebt dies durch: *celebris oph-
thalmici Stoli Britannici* wieder; Herr Dr. Sichel übersetzt
es: *Stolus, oculiste britannique distingué.* Ich halte beide
Uebersetzungen für ganz verfehlt. Βρεττανικοῦ kann nur zu
Στόλου, nicht zu ὀφθαλμικοῦ gezogen werden; an einen
oculiste britannique ist also nicht zu denken. Allein auch die
lateinische Uebersetzung muss verbessert werden. Der
Name *Stolus* wäre jedenfalls ein höchst sonderbarer;
dagegen ist der στόλος Βρεττανικός, die *Classis Britan-
nica* der Römer, durch die Inschriften bei Orelli 804,
3601 und 3603 ebenso gesichert, wie der Name
Axius (vgl. *Axii* in Pauly's Real-Encyclopädie I, 2,
S. 2202). Ich schreibe demnaeh bei Galenus Ἀξίου und
στόλου, und übersetze: *Axii, medici ocularii classis
Britannicae.* Wenn die Legionen, Cohorten, Reiter-
geschwader, ja die einzelnen Trieren ihre *medici* hatten,
kann es uns nicht in Erstaunen setzen, für die ganze
Flotte einen *medicus ocularius* zu finden; die Augenkrankheiten spielten einmal im Alterthume eine besonders
grosse Rolle. — Zu dem Namen des Mittels der dritten
Seite ergänzt Herr Dr. Sichel *ad cicatrices,* meiner Ansicht
nach mit Unrecht. Ganz dieselbe Abkürzung haben wir
auch in n. 98: DIAMISVSᵥAD, sowie in u. 64: ISOTHEONᵥ
AD und in n. 94: DIARICESᵥAD. Wenn wir nun aus
n. 54, 57, 81 und 86 wissen, dass das Collyrium *Diamyseos*

ad diatheses gebraucht wurde und in n. 43 die Schreibweise ADIAT. für *ad diatheses* gefunden haben, so kann
es nicht wohl zweifelhaft sein, dass auch hier, sowie in
n. 98, 64 und 94, AD*iatheses* gelesen werden muss. —
Die vierte Seite kündigt ein *Ambrosium opobalsamatum
ad claritatem* an. Wir haben schon oben in n. 26 ein
Ambrosium ad kaliginem et claritatem besprochen und
können desshalb hier darüber hinweggehen. Zu bemerken
ist der Schreibfehler in dem Worte CLARIT., durch
welchen das R hinter die Ligatur der beiden Buchstaben
IT zu stehen gekommen ist.

45. Marcus Julius Felicianus. *Lillebonne*
(Normandie).

MARCIᵥIVLIᵥFE ‖ LICIANIᵥDIAC.

Tôchon d'Annecy a. a. O. n. 22, Taf. I, Fig. 5. —
Grotefend im Philologus XIII, S. 142, n. 27.

Der kleine Stempel zeichnet sich durch eine grosse
Zahl von Ligaturen aus; MA, CI, VLI und LI sind durch
Ligatur mit einander verbunden. — Das hier angezeigte
Mittel wird wohl DIAC*eratos* sein, über welches die Er-
läuterung zu n. 1 zu vergleichen. Möglich wäre aller-
dings auch die Ergänzung DIAC*hylon*, über welches
Collyrium zu n. 40 verhandelt ist.

46. Gajus Julius Florus und **Lucius Silius
Barbarus.** *Bavay* (Départ. du Nord).

CᵥIVLᵥFLORIᵥBA ‖ SILIVMᵥADᵥCH▨▨▨
LᵥSILᵥBARBARI ‖ PALLADIᵥADᵥCIC.

Tôchon d'Annecy n. 30. — Duchalais a. a. O.
S. 204. — Grotefend im Philologus XIII, S. 142, n. 28.

Einen Augenarzt *Florus*, der die Antonia, die Gemahlinn des Drusus [13]), vor Blindheit rettete, nennt Galenus Th. XII, S. 768. Dieser war also ein Zeitgenosse und, wenn wir unsern Stempel auf ihn beziehen wollen, um der gleichen Namen willen vielleicht gar ein Angehöriger des durch Horazens Episteln I, 3 und II, 2 bekannten *Julius Florus*. — BASILIVM wird sonst auf den Stempeln nicht erwähnt; auch in den medicinischen Schriftstellern der Alten finde ich es nicht, wohl aber eine Salbe des Euelpides βασιλικόν, *ad omnes affectus oculorum idoneum, qui non lenibus medicamentis curantur* (Celsus VI, 6, 31). Galenus Th. XII, S. 788 nennt auch ein βασιλίδιον ψωρικόν. Den Zusatz AD CH - - - - ergänzt Tôchon AD CHemosin, Duchalais dagegen will, weniger wahrscheinlich, AD CIKatrices lesen. — Das zweite Mittel, PALLADium, bespricht Sichel, Cinq cachets S. 10 f., weitläufig. Ich wüsste dem von ihm Vorgebrachten nichts hinzuzufügen und halte mit ihm das Palladium, das ausser unserem Stempel nur noch auf n. 98 erwähnt wird, für einen aus Speculation gewählten volltönenden Namen. Dass die Anwendung desselben AD CICatrices sei, und nicht, wie Tôchon las, AD OCVlos, haben Sichel und Duchalais a. a. O. schon nach Bottin's Versicherung angenommen.

---

[13]) Die Ausgaben des Galenus haben fälschlich ἐπὶ 'Αντωνίας τῆς Δρούσου μητρός. Der ältere Drusus, von dem hier allein die Rede sein kann, war der Gemahl der jüngeren Antonia, deren Söhne Germanicus und der Kaiser Claudius waren (s. Pauly's Real-Encycl. der class. Alterth. I, S. 1181 f. der zweiten Ausg.), es ist desshalb entweder der Zusatz μητρός zu streichen und nach römischer Sitte γυναικός *(uxoris)* zu suppliren, oder statt μητρός geradezu γυναικός zu schreiben.

47. Lucius Julius Juvenis und **Flavius Secundus**.

St. Albans (Hertfordshire).

L▾IVL▾IVENIS▾D[IAPSOR ▾ OP]
OBALSAMATV[M▾AD▾CLARIT].
[L▾I▾IVENIS▾DI]ASMYRNES ▾ BIS
[POST ▾ LIPP ▾ I]MPETV▾EX▾OVO.
FL▾SECVNDI ǀ AT▾ALBAS.

Gough a. a. O. S. 227 fig. 2 und S. 240. —
Duchalais a. a. O. S. 229. — Simpson im Monthly
journal of medical science 1851. S. 245. Taf. II, Fig. 7.
— Franks in dem Archaeological journal IX, S. 187.
— Grotefend im Philologus XIII, S. 143, n. 29. —
Sichel in den Annales d'oculistique LVI, S. 245 ff.

Bei der Erklärung dieses jetzt im Brittischen Museum
aufbewahrten Stempels kommt es vor Allem darauf an,
festzustellen, ob der Stein, wie er jetzt gestaltet ist, vollständig ist, oder ob ein Theil des Täfelchens, auf dessen
Seiten die Inschriften eingegraben sind, jetzt fehlt. Dr.
Simpson erklärte sich für das Letztere und ich habe
nicht gezaudert mich mit ihm einverstanden zu erklären.
Dr. Sichel verficht eifrig die Behauptung der Vollstän-
digkeit des Stempels. Allein seine Gründe sind nicht
gewichtig genug, um zu überzeugen. Leider bin ich
nicht im Stande gewesen, den Stempel im Originale oder
im Gypsabgusse zu studiren; ich musste mich darauf
beschränken, die saubere Abbildung bei Simpson's Abhandlung zur Richtschnur zu nehmen, die übrigens durchaus mit demjenigen übereinstimmt, was Herr Dr. Sichel
von dem Stempel erzählt, also Glauben verdient. Da
nun nach dieser und nach Herrn Dr. Sichel's Worten
die zweite Zeile der ersten Seite mit OBALSAMATV
beginnt, so dass das O unter dem ersten L der ersten
Zeile steht, muss die Silbe OP in der vorhergehenden

Zeile weggefallen sein; da ferner *opobalsamatum* ein Adjectiv ist, das so selbständig nicht wohl den Namen eines Collyriums bilden kann, da ferner Alle darin übereinstimmen, dass die erste Zeile jetzt mit dem Buchstaben D schliesst, und da endlich das *Diapsoricum opobalsamatum ad claritatem* ein ganz bekanntes Mittel ist, so kann meiner Ansicht nach, nur der Eigensinn die Verstümmelung des Stempels leugnen. Es zeigt sich dies noch auffallender bei der zweiten Seite. Dieser fehlt jedenfalls der Name des Augenarztes und die Silbe DI vor ASMYRNES in der ersten Zeile, in der zweiten Hälfte fehlt offenbar die Präposition POST (nach n. 7. 20. 29. 37) und der Anfang des Wortes IMPETVm. Nur wenn wir 8—10 Buchstaben als weggefallen betrachten, wird die Inschrift richtig werden. Ich habe desshalb diese Ergänzung oben vorgenommen und, um auch in der letzten Lücke die geforderte Zahl von Buchstaben zu erhalten, nach POST den Genitiv LIPP*itudinis* eingeschoben. Mit Herrn Dr. Sichel auf der ersten Seite einfach *opobalsamatum*, auf der zweiten *Diasmyrnes bis impetu ex ovo* zu lesen, ist nach dem, was wir auf den andern Stempeln finden, unmöglich; ich bleibe vielmehr, trotz Herrn Dr. Sichel's Bemühungen, mit Herrn Dr. Simpson „*toujours dans la supposition de la destruction de presque une moitié de la pierre.*" Nur eine, allerdings nicht unwesentliche Verbesserung habe ich mir in meiner Ergänzung erlaubt. Als ich die Inschriften dieses Steines zum ersten Male besprach (Philologus XIII, S.143), ergänzte ich in der zweiten Zeile der zweiten Seite, die ich damals vorangestellt hatte, [COCTVM▾POST▾I]*mpetum*. Davon bin ich nach dem, was Herr Dr. Sichel über die Bedeutung des Wortes BIS in dieser Inschrift lehrt, abgegangen. *Bis* bezeichnet danach, dass das Collyrium zweimal angewandt werden soll, wie wir in dem Stempel von Nuits (n. 26) das *Theochristum ad epiphoras ex ovo ter* finden. Herr Dr. Sichel führt dazu noch eine Anzahl von Belegstellen aus alten Schriftstellern, aus Scribonius Largus IV, 35, Marcell. Empir. e. 8, Paul. Aegin. III, 22, an, die an der Richtigkeit dieser Erklärung nicht zweifeln lassen. — In dem Namen IVENIS steht V für VV, wie in VITRVIA für VITRVVIA (Jahn, Specimen epigraph. S. 41, n. 147), INGENVS für INGENVVS (Mommsen, Inser. Neap. n. 3011 und 6769, III, 32), PRIMITIVS für PRIMITIVVS (Gruter 424, 5; v. Hefner kleine inschriftl. ant. Denkm. in München S. 14; Mommsen I. N. n. 5906) und, um das nächstliegende nicht zu vergessen, IVENALIS für IVVENALIS (auf dem Stempel n. 60); vgl. auch Borghesi, Oeuvres compl. Numismat. I, S. 166, Epigr. I, S. 22. — Die Inschrift der dritten, kürzeren Seite, deren Gegenpart, wenn je einer existirt hat, mit dem jetzt fehlenden Theile des Stempels verloren gegangen ist, ist so roh, dass sie kaum aus derselben Zeit stammen kann, jedenfalls aber von einem unerfahreneren Graveur herrühren muss. Simpson und Sichel ergänzen bei *ad albas* das Wort *cicatrices*, die Uebersetzung des griechischen λεύκωμα, das, wie das gleichbedeutende lateinische *albugo*, noch jetzt in der Ophthalmologie im Gebrauch ist. Dass in dieser halbbarbarischen Inschrift AT für AD geschrieben ist, kann noch weniger auffallen, als derselbe Fehler in den beiden oben zu n. 37 angeführten bessern Inschriften.

48. Quintus Julius Murranus. *Colchester* (Essex).

Q˅IVL˅MVRRANI˅MELI
NVM˅AD˅CLARITATEM.
Q˅IVL˅MVRRANI˅STACTV
M˅OPOBALSAMAT˅AD˅CAP.

Gough in Archaeologia IX, S. 228 f. — Töchon

d'Annecy n. 4. — Simpson in Monthly journal of medical science 1851. Jan. und in den Annales d'oculistique XXVI, S. 96 ff. — Wright, The Celt, the Roman and the Saxon S. 245. — Becker in Neue Jahrbücher für Philol. und Pädag. LXXVII, S. 589. — Grotefend im Philologus XIII, S. 144, n. 30. Der Name *Murranus* ist Cognomen eines Freigelassenen bei Mommsen Inscr. r. Neap. n. 4041. — Ueber das *Melinum* s. die Erläuterungen zu n. 26. Die Lesart STACTVM statt des früheren STAGIVM stammt von Forster her und ist von Tôchon gebilligt; sie ist so evident, dass ich nicht zauderte, sie in den Text aufzunehmen. Dagegen habe ich nicht gewagt, Tôchon's Correctur des Schlusses gleichfalls aufzunehmen; er schlägt AD ᵛ CAL*iginem* statt AD ᵛ CAP. vor, was auch von Simpson, Wright und Sichel (Annales d'oculistique LVI, S. 117) gebilligt wird. Ebensowohl könnte man auch ADᵛCLAR*itatem* corrigiren.

49. Marcus Julius Satyrus. (England.)

MᵛIVLᵛSATYRIᵛDIASMY ‖ RNESᵛPOSTᵛIMPETᵛLIPPIT.
MᵛIVLᵛSATYRIᵛPENI ‖ CILᵛLENEᵛEXᵛOVO.
MᵛIVLᵛSATYRIᵛDIA ‖ LEPIDOSᵛADᵛASPR.
MᵛIVLᵛSATYRIᵛDIALI ‖ BANVᵛADᵛSVPPVRAT.

Gentleman's Magazine Vol. XLVIII (1778), S. 472. — Gough a. a. O. S. 227, Fig. 1 und S. 239. — Duchalais a. a. O. S. 228. — Simpson in Monthly journal of medical science 1851. S. 241, Taf. II, Fig. 6. — Grotefend im Philologus XIII, S. 145, n. 31.

Weder der Name des Augenarztes bedarf einer Erklärung, noch finde ich dem oben über die Heilmittel Gesagten in Bezug auf diesen Stempel etwas hinzuzusetzen.

50. Sextus Julius Sedatus. *London.*

SEXᵛIVLᵛSEDATIᵛCRO | CODESᵛDIALEPIDOS.
SEXᵛIVLᵛSEDATI ‖ CROCODESᵛPACCIAN.
[SEXᵛ]IVLᵛSEDATIᵛCRO ‖ [COD]ESᵛADᵛDIATHES.

Alb. Way im Archaeological journal VII, S. 359
und in den Jahrbüchern des Vereins von Alterthumsfreunden im Rheinlande XX, S. 176. — Simpson in
dem Monthly journal of medical science 1851, Jan. und
in den Annales d'oculistique XXVI, S. 94 f. — Wright,
The Celt, the Roman and the Saxon S. 245. — Becker
in den Jahrbb. für Philol. und Pädag. 1858, LXXVII,
S. 589 und in den Heidelberger Jahrbüchern 1858 S. 852.
— Grotefend im Philologus XIII, S. 145, n. 32 und
XIV, S. 627. — Sichel in den Annales d'oculistique
LVI, p. 234 ff.

Ueber das *Crocodes Dialepidos* s. die Erläuterungen
zu n. 10; über das *Crocodes Paccianum* zu n. 43. Ein
Crocodes ad diatheses haben wir noch nicht gehabt; das
Paccianum ad diatheses auf n. 43 ist gewiss verschieden
davon.

51. Lucius Julius Senex. *London.*

LᵛIVLᵛSENISᵛCR ‖ OCODᵛASPAR.

Roach Smith, Catalogus of the Museum of London
antiquities S. 47, n. 208. — Becker in den Jahrbb. für
Philol. und Pädag. 1858, LXXVII, S. 589 und in den
Heidelb. Jahrbb. 1858, n. 54, S. 850. — Grotefend im
Philologus XIV, S. 629, n. 75.

Den Augenarzt dieses Stempels will Becker in Verbindung bringen mit dem *L. Julius Juvenis* von n. 47;
wie mir scheint, mit Unrecht. Wer die Abbildung des
Stempels n. 47 bei Simpson gesehen hat, kann an der

Richtigkeit der Lesung jenes Stempels nicht zweifeln, und anzunehmen, dass SENIS für IVENIS (so ist der Name IVVENIS dort geschrieben) gelesen sei, hat doch seine Bedenklichkeiten, wenn auch das ASPAR, am Ende der Inschrift offenbar für ADᵛASPR*itudinem* gelesen ist, also auf besondere Genauigkeit der Copie kein Anspruch erhoben werden kann. Jedenfalls würde aber dem Namen *Juvenis* vor dem Namen *Senex* der Vorzug gegeben werden müssen, nicht umgekehrt, wie Becker meint. Eine andere Frage wäre es, ob Becker's anderweite Vermuthung, SENIS ständo für SAENIS, gegründet wäre. Ich muss gestehen, mir sind die Gründe für diese Vermuthung gänzlich unbekannt. — Uebrigens ist diese Nummer ein Beispiel des Vorkommens einer solchen Inschrift auf einem thönernen Gefässe (s. das Vorwort S. 9).

52. Titus Julius Victor. *Honfleur* (Normandie).

TᵛIVLIᵛVICTORIS | LENEᵛHERBIDVM.
TᵛIVLIᵛVICTORIS | LENEᵛRAPIDVM.
TᵛIVLIᵛVICTORISᵛLE | NEᵛMᵛLACT.
TᵛIVLIᵛVICTORIS | LENEᵛSOMNVS.

Tôchon d'Annecy n. 20. — Grotefend im Philologus XIII, S. 145, n. 33.

Wir haben hier eine ganz eigene Sorte von Heilmitteln, sämmtlich LENE benannt, mit Zusätzen, welche die Unterschiede angeben. Der Zusatz *herbidum* wird sich wohl auf die Kräutersäfte beziehen, die zu des Mittels Bereitung angewandt worden, wie der Zusatz MᵛLACT. [14] *(muliebri lacte)* denjenigen Stoff bezeichnet,

---

[14] Dem gewöhnlichen Sprachgebrauche gemäss müsste es e *muliebri lacte* heissen. Vielleicht ist das letzte E des Wortes LENE von der ersten Silbe zu trennen und als Präposition zu nehmen.

in welchem das trockene Collyrium aufgelöst werden soll.
Ueber den Gebrauch der Frauenmilch bei Augen-
entzündungen s. Celsus VI, 6, 8; Galenus de simplic.
medicam. facult. X, 7. Th. XII, S. 264 f. und de compos.
medicam. sec. locos IV, 3. Th. XII, S. 712; Alexand.
Trall. II, 1. — Der Zusatz *rapidum* wird sich wohl auf
die reissend schnelle Wirkung des Mittels beziehen sollen.
Der Zusatz SOMNVS endlich ist nur durch Aenderung
der an sich unsichern Endsilbe zu erklären; er mag wohl
SOMNI*ferum* oder SOMNI*ficum* heissen. Auch das
ἀνώδυνον διὰ χυλῶν (also etwa ein *lene herbidum*) bei
Galenus Th. XII, S. 747 soll ὕπνον ποιεῖν παραχρῆμα.

53. Titus Junianus. *Bath.*

T·IVNIANI·THALASER
AD · CLARITATEM.
T·IVNIANI·CRSOMAEL
INM·AD·CLARITATEM.
T · IVNIANI · DÁÍSVM
AD·VETERES·CICATRICES.
T·IVNIANI · HOFSVM · AD · QV
ECVMQ·DELICTA·A·MEDICIS.

Gough a. a. O. S. 228. — Duchalais a. a. O.
S. 227. — Way im Archaeological journal VII, S. 357
und in den Bonner Jahrbüchern XX, S. 174. — Simpson
im Monthly journal of medical science 1851, S. 236.
Taf. II, n. 5. — Grotefend im Philologus XIII, S. 146 f.,
n. 34. — Sichel in den Annales d'oculistique LVI,
S. 240 ff.

Die Inschriften dieses 1731 gefundenen, damals der
antiquarischen Gesellschaft und der Königlichen Gesellschaft zu London vorgelegten, später aber verloren ge-

gangenen Stempels können hier nur nach sehr unvollkommenen Zeichnungen und noch unvollkommneren Abdrücken des vorigen Jahrhunderts gegeben werden. Kein Wunder, dass gar Manches in ihnen den Erklärern Anlass zu Bedenken gegeben hat; dass aber Herr Dr. Sichel in seinen 1866 gedruckten Erläuterungen meine 8 Jahre früher gegebenen Lesungen gänzlich ignorirt, obwohl sie ihm bekannt sein mussten, ist eine Folge davon, dass derselbe das schon vor dem Jahre 1858 ausgearbeitete Manuscript über diesen Stempel ohne Aenderung hat abdrucken lassen; ein grosses Unrecht gegen die Wissenschaft, gegen sich selber und gegen die Leser der Annales d'oculistique. — *Thalasseros,* θαλασσερός, ist der Name eines Collyriums, das πρὸς ὑποχύσεις καὶ πᾶσαν ἀμβλυωπίαν, καὶ πρὸς ἀρχὰς ὑποχύσεως angewandt wurden, oder wie hier kurz gesagt wird: *ad claritatem.* Das Recept, nach Hermophilus, giebt Galenus Th. XII, S. 781. Vergl. Alexand. Trall. II, 5; Paulus Aegin. VII, 16; Aëtius II, 3, 110. Wir finden dasselbe Mittel wieder genannt auf den Stempeln n. 71 und 88, auf dem letzteren mit dem Zusatze DELAC*rimatorium.* — Das zweite Mittel, *Chrysomelinum ad claritatem,* ist wahrscheinlich ziemlich ähnlich dem *Melinum ad claritatem,* das wir auf den Stempeln n. 26 und 48 gefunden haben, und unterscheidet sich von diesem nur durch die nähere Angabe des Tones seiner Farbe; es wird g o l d g e l b genannt, während das andere nur einfach g e l b heisst. An *Cerussomelinum,* wie S i m p s o n das unorthographische CRSOMAELINM lesen will, ist nicht zu denken, da ja auch der Name *Melinum,* wie wir oben gesehen haben, nicht von der zu dem Collyrium verwendeten Substanz herkommt, sondern von der Farbe desCollyriums. — Von dem dritten Mittel sind nur die Buchstaben D - - - VM deutlich, die zwischen denselben

stehenden Zeichen sind nicht ganz klar. Bei G o u g h
sind sie so gegeben, dass man darin eine Verbindung
von IA und MI nebst einem S mit Recht finden kann [15]),
wenigstens weit leichter als die sinnlosen Worte DRYCVM,
DRYXVM, DIEXVM, mit denen sich Simpson herum-
plagt, und die er vergeblich von δρῦς, Eiche, ableiten
will, weil nämlich Galläpfel auch *ad veteres cicatrices* gebraucht werden. Allerdings ist die Form *Diamisum* nicht
die gewöhnliche und in der guten Zeit vorkommende;
neben der so unorthographischen Schreibweise *Thalaseros*
und *Orsomaelinum* kann sie uns aber sicher nicht befremden. Ueber die Verwendung des *Diamisyos ad veteres
cicatrices* s. die Erläuterungen zu n. 4. Sollte aber doch
jemand Bedenken tragen, die Lesung *Diamisum* zu billigen,
so bietet sich uns bei Marcellus Empiricus c. 8 das
collyrium dioxus (δι' ὄξους, aus Weinessig) *ad aspritudines
oculorum tollendas.* Auch die Züge DIOXVS lassen sich
allenfalls in den bei G o u g h gegebenen Zeichen finden.
— Die Lesung der vierten Seite dieses Stempels hat den
Erklärern desselben die allergrössten Schwierigkeiten
gemacht. Nach J. Y. Akerman soll das darin verzeichnete Mittel PHOEBVM heissen und da Herr Akerman behauptet, dies in den Zeichnungen der antiquarischen
Gesellschaft zu London gesehen zu haben, nimmt es Herr
Dr. S i m p s o n ohne Weiteres an. Die folgenden Worte
AD QVECVMO DELICTA A MEDICIS versucht S i m p s o n
allerdings zu erklären, aber ohne günstigen Erfolg. Ob-
gleich ihm nämlich A k e r m a n versichert hatte, das erste
Zeichen hinter AD sei ein Q, hält er S. 240 QVECVMO
für „*a mis-spelling by the engraver for* LEVCOMA« und

---

[15]) Dies vermuthet schon W a y a. a. O., und ich habe darum
auch nicht Anstand genommen, eine solche Ligatur in den Text der
Inschrift aufzunehmen.

übersetzt das Ganze: *The Phoebum of T. Junianus for Leucoma, esteemed (!!) by physicians*, verwechselt also *delicta* (Versehen, Fehler) mit *dilecta* (geschätzt) und behandelt Phoebum obenein als Femininum. Auf solche Weise lässt sich Alles in eine Inschrift hineininterpretiren! Herr Dr. Sichel versucht die Inschrift auf ganz andere Weise zu erklären. Er liest: T⊤IVNIANI O*Pobal*SAMA*tum* STAC*t*VM DELAC*ryma*TO*ri*VM AD C*l*C*atrices*. Wie er sich dabei das Ausfallen mehrerer Sylben in einem Worte eigentlich erklärt, wird man schwer begreifen können, und dabei behauptet er noch, die Lesung des Herrn Dr. Simpson entferne sich weit mehr, als die seine, von den in der Zeichnung gegebenen Buchstaben. Ich kann nur einen Grund auffinden, warum die beiden Herren Aerzte die richtige Lesung durchaus nicht annehmen wollen; sie wollen eben nicht zugeben, dass die Aerzte bei Behandlung ihrer Patienten Fehler machen. Bei den Worten *ad quaecumque delicta a medicis*, wie ganz deutlich in der Inschrift zu lesen ist, werden wir unwillkürlich an ein Collyrium erinnert, das Galenus Th. XII, S. 768 giebt: Κολλύριον, ᾧ ἐχρήσατο Φλῶρος ἐπὶ Ἀντωνίας τῆς Δρούσου[16]), παρ᾽ ὀλίγον ὑπὸ τῶν ἄλλων ἰατρῶν πηρωθείσης. Was für ein Namen aber in dem angeblichen PHOEBVM steckt, vermag ich nicht zu enträthseln; nur so viel weiss ich, dass der Name *Phoebum*, den Herr Simpson durch Anführung der Collyrien *Sol*, *Aster*, *Lumen* oder Φῶς zu erklären sucht, ohne dadurch die ganz auffallende Neutralform zu rechtfertigen, die doch PHOEBEVM heissen müsste, jedenfalls der richtige nicht ist.

---

[16]) Dass das Wort μητρός, das in den Ausgaben des Galenus hier hinzugefügt wird, gestrichen oder mit γυναικός vertauscht worden muss, habe ich oben zu n. 46 gezeigt.

54. Lucius Junius Philinus. *Nais* (Départ. de la Meuse).

L·IVNI·PHILINI·DIAM
ISVS·AD·DIA·DIATHE·TOL.
L·IVNI·PHILINI·DIALE
PIDOS·AD·ASPR·ET·CICAT.
L·IVNI·PHILINI·STAC
TVM·OPOB·AD·CLARIT.
L·IVNI·PHILINI·DIAPSO
RICVM·AD·GEN·SCIS·ET·CL.

Tochon d'Annecy n. 29. — Grotefend im Philologus XIII, S. 147, n. 35. — von Sacken und Kenner, Die Sammlungen des k. k. Münz- und Antiken-Cabinets S. 127, n. 10.

Ich gebe den Stempel nach der Abschrift in der zuletzt bezeichneten Schrift. Es wird daselbst ausdrücklich bezeugt, dass in der zweiten Zeile der ersten Inschrift die Silben DIA irrthümlich doppelt geschrieben sind. Die hier verzeichneten Mittel sind uns sämmtlich schon bekannt, nur erscheinen hier theilweise andere Bestimmungen derselben: *Diamisus ad diatheses tollendas, Dialepidos ad aspritudines et cicatrices, Stactum opobalsamatum ad claritatem, Diapsoricum ad genas scissas et claritatem.*

55—59. Quintus Junius Taurus. *Nais* (Départ. de la Meuse.)

55. Q·IVN·TAVRI·DIASMYRN
POST·IMPET·LIPPIT.
IVN·TAVR·ISOCHRYS
AD·SCABRIT·ET·CLAR·OP.

Tôchon d'Annecy n. 23. Taf. II, Fig. 2. — Grotefend im Philologus XIII, S. 147 f., n. 36.

56.   QᵥIVNᵥTAVRIᵥANODY
NVM ᵥ AD ᵥ OMN ᵥ LIPP.
Q ᵥ IVNIᵥTAVRI ᵥ DIALIBAN
AD ᵥ SVPPVRAT ᵥ EX ᵥ OVO.

Tôchon d'Annecy n. 24. — Grotefend im Philologus XIII, S. 148, n. 37.

57.   IVNIᵥTAVRIᵥCROCODᵥSAR
COFAGVMᵥADᵥASPRIT.
IVNI ᵥ TAVRI ᵥ CRO ᵥ DIALEP
ADᵥCICATRIC ᵥ ETᵥSCABRIT.
IVNI ᵥ TAVRI ᵥ CROCOD ᵥ DIA
MISVSᵥADᵥDIATHESISᵥETᵥRᵥE.
IVNIᵥTAVRIᵥCROCODᵥPAC
CIANᵥADᵥCICATᵥETᵥREVM.

Tôchon n. 25 (Titelvignette). — Grotefend im Philologus XIII, S. 148 f., n. 38.

58.   QᵥIVNᵥTAVRIᵥSTAC
TVM ᵥ DELACRIM.
Q ᵥ IVN ᵥ TAVRI ᵥ FLOGIVM
ADᵥGENAS ᵥ ET ᵥ CLARITAT.

Tôchon n. 26. — Grivaud de la Vincelle, Recueil de monum. antiques, Taf. XXXVI, Fig. 4. — Wiener Jahrbücher der Literatur VI, S. 194. — Grotefend im Philologus XIII, S. 148 f., n. 39.

59.   IVNIᵥTAVRIᵥTHEODOTIVM
AD ᵥ OMNEM ᵥ LIPPITVDI.
IVNI ᵥ TAVRI ᵥ AVTHEMERVM ᵥ AD
EPIPHOR ᵥ ET ᵥ OMNEM ᵥ LIPPITVD.
IVNI ᵥ TAVRI ᵥ PENICIL ᵥ LEN
AD ᵥ OMNEM ᵥ LIPPITVD.
IVNIᵥTAVRIᵥDIASMYRNES
POST ᵥ IMPETVM ᵥ LIPPITV.

Tôchon n. 28. — Grivaud de la Vincelle, Recueil de monumens antiq. Taf. XXXVI, Fig. 1. —

Wiener Jahrbb. der Literatur VI, S. 193. — Grotefend im Philologus XIII, S. 148 f., n. 40. — Vgl. Orelli Inscr. lat. zu n. 4234. Den Augenarzt Q. *Junius Taurus* haben wir schon oben auf dem gleichfalls zu Nais gefundenen Stempel n. 18 kennen gelernt. Hier sind noch vierzehn Heilmittel desselben Arztes auf fünf Stempeln, und von diesen kehrt nur das bekannte *Diasmyrnes post impetum lippitudinis* (auf. n. 55 und 59) zweimal wieder. Das *Isochrysum* wird sonst nur *ad claritatem* gegeben; s. n. 41, 62 und 72. Hier erscheint es als O*Pobalsamatum* und soll *ad scabritiem et claritatem* gebraucht werden; bei Galenus Th. XII, S. 785 dient es πρὸς βεβρωμένους κανθοὺς, ψωρώδεις διαθέσεις, χρονιζούσας ὀφθαλμίας, τραχώματα, συκώδεις ἐπαναστάσεις· οὐλὰς καὶ τύλους ἀποσμήχει. Dass das Epitheton *opobalsamatum* hier nicht an der gewöhnlichen Stelle, unmittelbar hinter *Isochryson*, steht, darf uns nicht auffallen; dieselbe Stellung dieses Wortes findet sich auch in n. 97; vergl. unsere Erläuterungen zu n. 37.

Das *Anodynum ad omnem lippitudinem* findet sich nur auf dem Stempel n. 56. Bei Galenus Th. XII, S. 747 haben wir ein ἀνώδυνον διὰ χυλῶν πρὸς πᾶσαν περιωδυνίαν; daselbst S. 757 ein ἀνώδυνον πρὸς ῥεῦμα παντοῖον, ἕλκη, περιωδυνίας, ψύδρακας, προπτώσεις, χημώσεις, παντοίας διαθέσεις, und bei Celsus VI, 6, 1 finden wir: *Si tantum mali est, ut somnum diu prohibeat, eorum aliquid dandum est, quae* ἀνώδυνα *Graeci vocant*. — Ueber das *Dialibanu ad suppurationes ex ovo* vergl. die Erläuterungen zu n. 7 und 9.

Auf n. 57 finden wir nur Collyrien von der Art, welche *Crocodes* heisst, und zwar zuerst ein *Crocodes sarcophagum ad aspritudines*, das sonst nirgend erwähnt wird, dessen Namen aber seine Bestimmung deutlich ergiebt; dann ein *Crocodes dialepidos ad cicatrices et scabritiem*, wie auf dem Stempel von Mandeure n. 91; hierauf ein *Crocodes diamisus ad diathesis et rheumatis epiphoras* (so deute ich die beiden letzten Buchstaben RᵛE. die ich früher nicht erklären konnte, jetzt mit Hinweisung auf Galenus Th. XII, S. 750: ποιεῖ καὶ πρὸς ἐπιφορὰς ῥεύματος λεπτοῦ etc.) Das letzte ist ein *Crocodes Paccianum ad cicatrices* (vgl. n. 43 u. 50) mit einem Zusatze, den ich früher mit Bezug auf Galenus Th. XII, S. 715 ET REstituendam oder REparandam Vlcerum Munditiem lesen zu dürfen glaubte, der aber wahrscheinlich nichts weiter ist als REVMa. Galenus giebt uns Th. XII, S. 772 ein Collyrium ᾿Ασκληπιάδου Παχκίου πρὸς περιωδυνίας, ῥεῦμα λεπτὸν καὶ πολὺ, ἐπίκαυμα ete. Noch bemerke ich in Betreff der in der dritten Inschrift dieser Nummer vorkommenden Form DIATHESIS, dass diese auch auf dem Stempel n. 96 erhaltene Form nicht etwa durch einen Irrthum des Graveurs für DIATHESES entstanden ist, wie Herr Dr. Siehel in den Annales d'oculistique S. 239 glaubt, sondern die richtige Transscription des griechischen διαθέσεις ist, wie denn überhaupt früher der Accusativus des Plurals in der dritten Declination bei den Wörtern, welche im Genitiv *ium* haben, auf *eis* oder *is* ausging.

Nr. 58 enthält ein *Stactum delacrimatorium* und ein *Flogium ad genas* (sc. scissas) *et claritatem*. Das Letztere wird wohl das ἐπίχριστον δαχνηρὸν τὸ φλόγινον ἐπιγραφόμενον des Galenus Th. XII, S. 744 sein; vgl. Aëtius II, 3, 97. Ueber die Bedeutung des Wortes *delacrimatorium* vgl. Marcell. Empir. e. 8.

Die Heilmittel von n. 59 sind sämmtlich gegen die Lippitudo gerichtet. Die drei letzten haben wir schon oben besprochen; nur das erste, *Theodotium ad omnem lippitudinem*, ist uns noch nicht vorgekommen. Die *Theodotia* waren eine eigene Gattung von Collyrien, die wahrscheinlich ihren Namen von dem Augenarzte Theodotus hatten, demselben, der auch das Ἀχάριστον ursprünglich erfunden hat; vergl. Celsus VI, 6, 5 und 6; Aristides Th. I, S. 448. 459 ed. Dind. Dass nicht alle Theodotia von diesem Theodotus herrührten, zeigt uns das *Collyrium acharistum Theodotium ab Antigono inventum, ad omnem epiphoram et omne vitium oculorum* bei Marcellus Empiricus c. 8. Ein *Collyrium Dionysianum, quod appellatur Theodotion, ad lacrymam tenuem restringendam et ad ulcera et aspritudinem palpebrarum et ad cicatrices recentes efficacissimum,* haben wir bei Marcellus Empiricus c. 8; ein Θεοδότιον Φλακιανὸν, Ἀρποκράτιον ἐπιγραφόμενον, bei Galenus Th. XII, S. 754. Verschiedene Theodotia giebt Aëtius II, 3, 113 in einem Capitel, das nur über die *Nardina* und *Theodotia* handelt. Ich führe hier nur noch an ein μέγα Θεοδότιον, ποιοῦν πρὸς περιωδυνίας καὶ παλαιὰς διαθέσεις bei Alexander Trall. II, 6 und Nicolaus Myrepsus XXIV, 39 und das Recept zu dem kleinen Theodotion bei Paulus Aegin. VII, 16.

60. Juvenalis. *Orange* (Vaucluse).

IVENALISᵛCOL ‖ [D]IALEPIDOS.
IVENALISᵛBISᵛPVNC ‖ TVMᵛADᵛEPIFOR⸰⸰⸰
IVENALISᵛCOLL ‖ DIAZMYRNES.
IVENALISᵛCOLᵛCR ‖ OCODESᵛADᵛASPRITVD.

Sichel in den Annales d'oculistique LVI, S. 126—129.

Dass der Name des Augenarztes dieses Stempels nicht *Julii Venalis* gelesen werden müsse, wie Herr Dr. Sichel a. a. O. vorgeschlagen, sondern einfach *Juvenalis,* hat mit Beziehung auf den *Juvenis* (IVENIS) des Stempels n. 47 schon Sichel selbst (S. 247) nachgetragen. — Was die Heilmittel dieses Stempels anlangt, so bemerke ich in Betreff der der ersten, dritten und vierten Seite, dass dieser Stempel der einzige ist, auf welchem dem Namen des Mittels der Zusatz COL*lyrium* hinzugefügt wird, der sich eigentlich von selbst versteht. Die Schreibart DIAZMYRNES haben wir schon auf n. 7 gesehen. Wer sich an die Form ZMΥPNAIΩN auf den älteren Münzen von Smyrna erinnert, den kann die Uebertragung dieser dialectischen Abweichung auf eine lateinische Inschrift nicht in Verwunderung setzen, am wenigsten darf man das Z als einen groben Irrthum des Graveurs ansehen, wie Siehel S. 128 gethan hat. — Das Mittel der zweiten Seite, *bis punctum*, ist nur die lateinische Uebersetzung von dem *Dicentetum* auf n. 38 und n. 1; hier haben wir als Zusatz den Gebrauch des Collyriums, *ad epiphoras*. Wie in dem letzten Worte ein F statt eines PH geschrieben ist, so finden wir auch in n. 64 FRONIMI statt PHRONIMI, und dort noch dazu wiederholt.

61. Marcus Juventius Tutianus. *Goldenbridge* (Tipperary in Ireland).

MᵛIVVENTᵛTVTIANI ⏐ DIAMYSVSᵛADᵛVETᵛCIC.

A. Way in dem Archaeological journal VII, S. 333 und in den Jahrbb. des Vereins von Alterthumsfreunden im Rheinlande XX, S. 173. — Simpson im Monthly journal of medical science 1851. S. 253, Taf. III, Fig. 12. — Grotefend im Philologus XIII, S. 150, n. 41. — Proceedings of the society of antiquaries of London. Series II, Vol. II, p. 410. — Vrgl. Wilde's descriptive catalogue of stone, earthen and vegetable materials in the Museum of the Royal Irish Academy I, S. 126.

Der Stempel ist an einem Platze gefunden, der *the Spittle Fields* genannt wird und einige Ruinen enthält, welche traditionell unter dem Namen *the Hospital* bekannt sind. — Dem Namen *Juventius* begegnet man auf mehreren römischen Inschriften, den Namen *Tutianus* dagegen erinnere ich mich nicht jemals gefunden zu haben, indess ist derselbe von den selten vorkommenden Namen *Tutius* und *Tutia* (s. Gruter 742, 1; Muratori 1223, 6; Brambach Corp. inscr. Rhenan. n. 1290 und 779) richtig abgeleitet. — Die Schreibart DIAMYSVS für die gewöhnlichere Form DIAMISVS (eigentlich *Diamisyos;* vgl. die Erläuterungen zu n. 4) hat das in dieser verloren gegangene *y,* wenn auch in der vorhergehenden Sylbe, conservirt.

62. Lucius Latinius Quartus und Lucius Virius Carpus. *Riegel* (Grossherzogthum Baden).

L▾LATINI▾QVARTI ‖ ISOCHRYSVM▾AD▾CL.
L▾LATINI▾QVARTI ‖ DIAPSOR▾OPOB▾AD▾CL.
L▾LATINI▾QVARTI ‖ DIAMISYOS▾AD▾ASPRITVD.
L▾ VIR▾ CARPI.

Schreiber in den Mittheilungen des histor. Vereins für Steiermark VI, S. 80. — Becker in den Jahrbüchern für Philol. und Pädag. LXXVII, S. 587. — Klein in den Bonner Jahrbüchern XXVI, S. 175. — Grotefend im Philologus XIII, S. 150, n. 42. — Brambach, Corpus inscr. Rhenan. n. 1652.

Einen *M. Latinius M. f. Hermes,* der ausdrücklich als *medicus ocularius* bezeichnet wird, führt aus einer Bologneser Inschrift schon Walch, Sigillum medici ocularii etc. S. 43 n. 11, an; vgl. Orelli n. 4228. Vielleicht war er ein Verwandter des *L. Latinius Quartus* und die Kunst erblich. Der Name des *L. Virius Carpus* ist mit grösseren Buchstaben geschrieben und nimmt in einer Zeile die ganze Seite ein. Er war, wie Schreiber vermuthet, bestimmt, einem jeden der drei Heilmittel bei-

gedruckt zu werden, und gab nicht des Erfinders Adresse,
sondern die des Händlers, der die Salben verkaufte.
Anders scheint die Sache bei dem Wormser Stempel
(oben n. 32) gewesen zu sein, wo allerdings auch der
Name C٠IVL٠MVSICI allein auf der vierten Seite steht,
nicht aber, wie hier der Name L٠VIR٠CARPI und wie
auf dem Wiesbadener Stempel (n. 63) der Name T٠MAR-
TII٠SERVANDI, die ganze Seite einnimmt. Dort sieht
man, dass noch etwas hinter dem Namen folgen sollte,
was nur noch nicht eingegraben ist. Hier sieht man an
der Grösse der Buchstaben, die den ganzen Raum der
Seite füllen, dass nicht mehr gegeben werden soll. —
Ueber die Mittel braucht nach dem oben schon Vorgekommenen hier nichts weiter hinzugefügt zu werden.

**63. Titus Livius et Marcus Catulus, Titus
Martius Servandus, Apollinaris.** *Wiesbaden.*

T٠LIVI٠ET٠MAR ‖ CI٠CATVLI٠ATR.
T٠MARTI٠SERVANDI.
APOLLINARI.

Grotefend im Philologus XIII, S. 151, n. 43. —
Becker in den Jahrbb. für Philologie und Pädagogik 1858.
LXXVII, S. 587 f.

Wenn ich bei der ersten Publication dieses Stempels
nach einer Mittheilung des Herrn Dr. Rossel es als
gewiss annahm, dass dieser Stempel mit der grösstentheils aus Italien stammenden von Gerning'schen Sammlung in das Wiesbadener Museum gekommen sei, war
das ein Irrthum, den ich bei der ersten Gelegenheit (im
Philologus XIV, S. 627) zu berichtigen mich beeilt habe.
Herr Archivar Habel zu Miltenberg, der das Wiesbadener Museum durch seine frühere Stellung zu demselben genau kennt, hat die Güte gehabt, mir seine vor

längeren Jahren über den Stempel niedergeschriebenen Notizen mitzutheilen, und in diesen ist ausdrücklich bemerkt: „gefunden zu Wiesbaden." — Ich weiss nicht, wesshalb Brambach den Stempel in sein Corpus inscriptionum Rhenanarum nicht aufgenommen hat, wo er gewiss eher einen Platz verdient, als manches darin aufbewahrte unbedeutende Fragment. — Von den vier Seiten des Plättchens sind nur zwei vollständig mit Inschriften versehen, die eine mit der Etikette der beiden Augenärzte *T. Livius* und *M. Catulus,* die andere, dieser gegenüberstehende, mit der Adresse: *T. Martii Servandi,* welche in einer Zeile die ganze Seite einnimmt, so dass man sieht, dass ausser ihr nichts mehr darauf hat angebracht werden sollen; von den beiden übrigen Seiten ist die eine ganz frei, die andere enthält die Buchstaben APOL sorgfältig ausgeführt, dahinter die Buchstaben LINARI leise angedeutet, und zwar dem oberen Rande so nahe, dass für eine zweite Zeile darunter noch Platz ist. Die beiden grösseren Flächen der Platte sind zu allerlei Schnörkeln und Buchstabenproben benutzt; auf der einen ist auch ein im Plankenkerl-Stile ausgeführtes Köpfchen und der Name *Roma* in einer Art Cartouche verkehrt, also wohl zum Abdruck bestimmt[17]), eingegraben, ähnlich wie er auf mehreren römischen Familienmünzen sich findet.

Von einem Augenarzte Livius scheinen auch die beiden Collyrien Λιβιανὸν ἐπιγραφόμενον πρὸς φλυκτίδας, ἐπικαύματα κ. τ. λ. und ἄλλο τὸ Λιβιανόν, deren Recepte uns Galenus Th. XII, S. 762 (vrgl. ebendas. S. 708; Alex. Trall. II, 5; Paul. Aegin. VII, 16; Nicol. Myreps. XXIV, 8. 14) hinterlassen

---

17) Ob dieser Abdruck aber mit dem Augenheilmittelhandel in Verbindung gestanden, und wie diese Verbindung gedacht werden kann, ist mir nicht klar.

hat, ihren Namen zu haben, möglicher Weise von unserem
T. Livius. Ein *Marcus Catulus* ist sonst nicht bekannt;
in der Familie der *Lutatius Catulus* kommt übrigens der
Name *Marcus* nicht vor, es waren dort vielmehr die
Vornamen *Gajus* und *Quintus* gebräuchlich. Ob der auf
n. 18 vorkommende Augenarzt *T. Cl. Apollinaris* mit dem
Apollinaris unseres Stempels etwas zu thun hat, steht
dahin. Dass der Name *T. Martii Servandi* wahrscheinlich
nur den Händler, den Apotheker bezeichne, nicht einen
Augenarzt, haben wir schon bei Besprechung des vorhergehenden Stempels n. 62 gesehen.

Dass ein Heilmittel den Namen mehrerer Augenärzte
führen konnte; haben wir auf dem Stempel n. 6 schon
gesehen, dennoch gehört es zu den seltenen Fällen und
darf als besonders interessant bezeichnet werden. Ebenso
interessant ist aber auch das hier ausgebotene Heilmittel,
das in seiner anspruchslosen Einfachheit nur auf diesem
Stempel vorkommt. Es leidet keinen Zweifel, dass ATR.
nichts Anderes bedeutet, als *atramentum sutorium*, χάλ-
κανϑον oder χαλκανϑές, Kupfervitriolwasser, das bei Augen-
übeln nicht selten angewandt wurde. Plinius Hist. nat.
XXXIV, 12, 32 sagt: *medetur et oculorum scabritiei do-
lorive et caligini,* und bei Marcellus Empiricus c. 8 lesen
wir: *si impetus oculorum eruperit, hujusmodi remedium
confestim adhibebis: atramenti sutoricii — in aquam
mundam defundes, idque acriter fervere facies, tum
operies, ut fervor paululum conquiescat; atque ubi modicum
intepuerit, in concham transfundes, ibique faciem demerges,
et oculos patefacias intra ipsam aquam: paululum
quidem admordebit, sed certissimo experimento dolorem
incumbentem avertet.* Ebenso geben sowohl Galenus
Th. XII, S. 739, als Celsus VI, 6, 27, Marcellus Empir.
c. 8 und Aëtius II, 3, 59 uns Recepte, die *atramentum
sutorium* als wesentlichen Bestandtheil enthalten.

64. Titus Lollius Fronimus. *Carbec- Grestain* (Normandie).

TᵛLOLLIᵛFRONIMI ‖ LENEᵛPENICILLVM.
TᵛLᵛFRONIMI ‖ ISOTHEONᵛAᵛD.

Rever, Mémoire sur les ruines de Lillebonne S. 45
und 52. — Éloi Johanneau bei Bottin, Mélanges
d'archéol. S. 113. — Duchalais a. a. O. S. 214 f. —
Grotefend im Philologus XIII, S. 152 f., n. 44.

Ein *Phronimus* wird auch auf dem Jenaer Steine
(n. 78) als Augenarzt genannt; aber schon die verschiedene
Schreibung dieses Namens lässt uns auf eine Verschiedenheit
beider Personen schliessen. — Ueber den Ausdruck *lene
penicillum* s. oben zu n. 14. Das *Isotheon* wird nur noch
bei Aëtius II, 3, 109 erwähnt, ist aber eine echte Probe
der unverschämten Rodomontade der antiken Quacksalber,
die es nicht scheuten, sich selbst der Gottheit gleich zu
stellen (vgl. oben die Erläuterungen zu n. 26). Dass die
beiden letzten Buchstaben *Ad Diathesis* gelesen werden
müssen, haben wir schon oben zu n. 44 gesehen.

65. Gajus Luccius Alexander. *Maestricht.*

CᵛLVCCI ᵛALEXANDRI ᵛDIAL
EPIDOS ᵛ AD ᵛ ASPRITVDINE.
CᵛLVCCIᵛALEXANDRI ᵛLENE
AD ᵛ OMNEM ᵛ LIPPITVDINE.
C ᵛLVCCI ᵛALEXANDRI ᵛADᵛCALI
GINESᵛEDᵛSCABRITIAS ᵛ OMNES.
CᵛLVCCIᵛALEXANDRIᵛCROCO
DES ᵛ AT ᵛ ASPRITVDINES.

Saxe, Epistola ad Henr. van Wyn de vet. med
ocul. gemma S. 9. — Gough in Archaeologia IX, S. 238 f.
— Tôchon d'Annecy n. 19. — Orelli n. 4233. —
Grotefend im Philologus XIII, S. 153, n. 45.

Einen Arzt *Alexander* nennt auch Galenus Th. XII,
S. 580, ohne aber des Namens seiner Familie zu gedenken.
— Die hier genannten Mittel bedürfen nach dem Obigen
keiner besondern Erläuterung; nur auf die doppelte Verwechselung des D und T in den Wörtern ED und AT,
statt ET und AD, muss aufmerksam gemacht werden.

66. Marcellinus. *Amiens* (Picardie).

MARCELLINI ‖ DIALEPIDOSᵛADᵛC.
MARCELLINIᵛDI ‖ ASMYRNESᵛPOST.
MARCELLINᵛCYCNᶨ.
MA▨▨▨▨▨▨▨▨ ‖ ▨▨▨▨▨▨▨▨▨

Dufour in den Mémoires de la société des Antiquaires de Picardie Th. VIII, S. 577 f. — Grotefend
im Philologus XIII, S. 153, n. 46.

Von dem Augenarzte *Marcellinus* werden wir in den
folgenden Nummern eine weitere Spur seiner Thätigkeit
finden. — Das erste hier gegebene Mittel liest Dufour:
Dialepidos ad cicatrices veteres; da das C am Schlusse
der Inschrift mehr die Form eines spitzen Winkels ($<$)
hat, kann man zweifeln, ob nicht vielmehr *ad aspritudines*
zu lesen sein möchte (vgl. die Erläuterungen zu n. 25).
Das *Diasmyrnes post impetum lippitudinis* haben wir
schon öfter kennen gelernt. Neu ist dagegen das Mittel
CYCNI, das, wie Galenus Th. XII, S. 708 sagt, von
seiner weissen Farbe den Namen des Schwans führt.
Man findet das Recept dazu bei Galenus Th. XII, S. 759 f.;
Alexander Trall. II, 5; Paulus Aegin. VII, 16; Nicolaus
Myrepsus XXIV, 10; Oribasius III, S. 50; Aëtius II, 3, 104.
— Die Inschrift der vierten Seite ist wohl absichtlich
vertilgt, um, wie es öfter geschah, einer neuen Platz zu
machen.

67. 68. Marcellinus. *Reims.*

67.	▨ARCELL	▨▨▨CELLINI
	▨IVM▾AD▾Cl	▨▨▨M▾AD▾CIC
68.	DIAL	DIAL
	VADA	NADA

Sichel in den Annales d'oculistique LVI, S. 254—260.
Wie wir in n. 27 und 51 zwei Inschriften kennen
gelernt haben, die nicht einem Stempel entnommen,
sondern den zur Aufnahme der flüssigen Salben (ὑγρά
nennt sie Galenus) bestimmten Gefässen aufgedrückt
sind, so sind die beiden oben gegebenen Inschriften je
zwei in trockenem Zustande aufgefundenen Collyrien
(φάρμακα ξηρά oder ξηροκολλύρια) selber aufgedrückt. Ein
anderes Exemplar dieser Art werden wir unten unter
n. 103 noch kennen lernen. Wir haben schon im Vorworte über den merkwürdigen Fund solcher Collyrien
berichtet, den man vor mehreren Jahren zu Reims gemacht hat. Die dort entdeckten Fragmente hatten theils
eine braune, theils eine rothe Farbe; die von den Herren
Baudrimont und Duquénelle vorgenommene Analyse der
ersteren gab folgendes Resultat:

Matière organique	33,33
Silice	4,00
Peroxyde de fer	16,00
Oxyde noir de cuivre	4,32
Oxyde de plomb	23,00
Carbonate de chaux	17,66
Perte	1,69
	100,00.

Das rothe Collyrium hatte dieselben Elemente, wie
das braune, es war aber reicher an Eisen und Blei und
enthielt nur sehr wenig Kupfer. Es ist zu bedauern, dass
die Analyse nicht genau genug gemacht ist, indem man

nicht gehörige Rücksicht nahm auf die verschiedenen Inschriften der Fragmente. Die oben angeführten Inschriften sind, wie schon angegeben, je zwei Fragmenten gleicher Art entnommen. Nur bei dem einen Paare derselben ist der Name des Augenarztes erhalten; es ist der uns schon aus einem Stempel von Amiens (n. 66) bekannte *Marcellinus*, den wir auch in der nächstfolgenden Nummer (n. 69) wieder finden werden. Die Inschrift lautet mit Benutzung der auf beiden Exemplaren erhaltenen Buchstaben und der nöthigen Ergänzung nach Sichel: MARCELLINI [DIALEPID]IVMᵛADᵛCIC*atrices*. Wie ich schon oben, zu n. 40, mich gegen die Form *Dialepidium* erklärt habe, die durch keinen der bekannten Stempel gerechtfertigt wird [18]), so möchte ich auch hier gern dieselbe vermieden sehen, weiss aber kein Mittel auf – – – – IVM, das *ad cicatrices* gebraucht wäre, anzugeben. Sollte etwa TVRINVM gelesen werden können, da nach Galenus de compos. medicam. secundum locos IV, Th. XII, S. 710 das Collyrium διὰ λιβάνου oder *Turinum* auch zur πλήρωσις τῶν κοίλων ἑλκῶν und zu deren Vernarbung gebraucht wurde? — Die Inschrift des zweiten Paares, die des Namens eines Augenarztes entbehrt, habe ich nur desshalb hier mit aufgenommen, weil die Fragmente, welchen sie entnommen ist, eben mit den Collyrien des Marcellinus zusammen gefunden sind. Herr Dr. Sichel ergänzt dieselbe DIAL*epidio*NᵛADᵛA*spritudines*. Also wieder eine neue, ebenfalls ganz unverbürgte Form für das Collyrium *Dialepidos,* die noch mehr auffallen muss, wenn wir in der andern Inschrift die romanisirte Form *Dialepidium* anerkennen. Da das eine Fragment

---

18) Sie geben sämmtlich DIALEPIDOS, nur der Stempel n. 92, der sich überhaupt durch falsche Formen auszeichnet, giebt DIALEPIDVM. Vgl. auch meine Erläuterung zu n. 12.

statt des N ein V hat, möchte ich einfach zur Frage stellen, ob nicht ein DIALibanV hier geboten wird. Dass von zwei verschiedenen, im Besitze eines Augenarztes gewesenen Collyrien das eine einen griechischen Namen, das andere eine lateinische Uebersetzung dieses Namens enthält, kann weit weniger befremden, als die Verschiedenartigkeit in der Endung desselben Namens.

69. Marcellinus. *Cond-sur-Ton* (Dép. de l'Eure).

▨▨▨▨ELLINI ║ ▨▨▨▨ILLVM.

Siehel in den Annales d'oculistique LVI, S. 109 ff. Es ist nur die Hälfte eines Augenarztstempels, die uns hier erhalten ist. Glücklicher Weise sind wir durch andere Stempel in der Lage, die vorn fehlenden Buchstaben zu ergänzen. Die Inschrift hiess vordem: *marc*EL-LINI *penic*ILLVM. Wegen des *Marcellinus* sind die vorstehenden Nummern 66 und 67, wegen des *Penicillum* die Erläuterungen zu n. 14 zu vergleichen.

70. Maritumus. *Bourg* (Dép. de l'Ain).

MARITVM ⱴ COL ⱴ AEGP
TIACⱴOPOBALSⱴADⱴCLAR.
MARITVM ⱴ L ⱴ EVVODES ⱴ O
POBALSAMATVM ⱴAD ⱴASPR.

Mongez in den Mémoires de l'institut national. Vol. III, an IX, S. 380. — Grotefend im Philologus XIII, S. 154, n. 47.

Der Name *Maritumus* oder *Maritimus* kommt auch sonst wohl auf Inschriften vor. — *Collyrium Aegyptiacum opobalsamatum ad claritatem* wird auf Augenarztstempeln sonst nicht mehr gefunden. Bei Galenus Th. XII, S. 737 haben wir eine Αἰγυπτία πρὸς τύλους καὶ λευκώματα, ἀφαιρεῖ

καὶ δέρματα παραυτίκα, und gleich darauf eine ἄλλη
Αἰγυπτία πρὸς τύλους καὶ λευκώματα καὶ κεχρονισμένας διαθέσεις; allein ich zweifle, ob diese *Aegyptiae,* deren Anwendung von der oben vorgeschriebenen Anwendung
ad claritatem so sehr abweicht, mit unserem *collyrium
Aegyptiacum* etwas zu schaffen haben. Auch ein anderes
Collyrium, dessen Galenus erwähnt, scheint aus demselben Grunde nicht hierher zu gehören. Er sagt nämlich
Th. XII, S. 749: Τὸ ἀχάριστον ἐπιγραφόμενον, πρὸς τὰς
μεγίστας ἐπιφοράς· μόνῳ τούτῳ ἐν Αἰγύπτῳ οἱ ἰατροὶ χρώμενοι
εὐημεροῦσι. — Ueber das *Evodes ad aspritudinem* und
die Schreibart EVVODES haben wir schon in den Erläuterungen zu n. 15 gesprochen; hier ist das Mittel *opobalsamatum* und *lene,* welche Bezeichnungen beide oben
fehlten.

71. Sextus Martinius Ablaptus. *Vieux* (Nor-
mandie).

SᵥMARTINIᵥABLAPTI ‖ THALASSEROS.
SᵥMARTᵥABLAPTI ‖ SMECTICVM.
SᵥMARTᵥABLAPTI ‖ CROCODES.
DIARHODON.

R e v e r, Mémoires sur les ruines de Lillebonne S. 28
und 53. — D u c h a l a i s a. a. O. S. 215 f. — G r o t e f e n d
im Philologus XIII, S. 154, n. 48.

Dieser Stempel zeigt auf der untern Fläche ein
Seepferd, auf der obern eine zweihenklige Vase mit
weitem Bauche und Halse, über dessen Oeffnung der
Name GAI *(Gaji),* ohne Zweifel als eine Firma, angebracht ist. Drei unterhalb befindliche Augen bezeichnen
die Bestimmung der Heilmittel, welche der Stempel anpreist. — So gewöhnlich der Namen *Martinus* bei den

Römern auch war, gehört der Name *Martinius* doch zu den seltnern; indess findet er sich bei Gruter 539, 5 und in dem davon abgeleiteten Namen des Caesar *Martinianus;* den Namen *Ablaptus* aber habe ich nirgends gefunden. — Die Heilmittel sind aus dem Obigen bekannt bis auf das *Smecticum,* das nur auf diesem Stempel genannt wird. Bei Galenus Th. XII, S. 779 finden wir κολλύριον ἁρμάτιον ἐπιγραφόμενον, ᾧ ἐχρήσατο Πτολεμαῖος ὁ βασιλεύς, σμηκτικὸν, οὐλὰς ἀποσμήχει. Ein ähnliches Collyrium, mit ähnlicher Wirkung wenigstens, wird auch das *Smecticum* des S. Martinius Ablaptus gewesen sein. Vgl. Alexander Trall. II, 5.

72. Marcus Messius Orgilus. *Selongei* (Départ. Côte d'Or).

MᵥMESSIIᵥORGILIᵥYSO ‖ CHRYSVMᵥADᵥCLAR.
MᵥMESᵥORGILIᵥTH ‖ VRINVMᵥEXᵥOVO.
MᵥMESᵥORGILIᵥLEN ‖ HYGIAᵥADᵥIMPᵥLIPP.

Fevret de St. Mémin, Rapport sur deux cachets inédits d'oculistes Romains (Mémoires de la commission départementale d'antiquités de la Côte d'Or. Th. I, S. 279). — Duchalais a. a. O. S. 223 f. — Grotefend im Philologus XIII, S. 155, n. 49. — Comarmond, Musée lapidaire de Lyon S. 423, n. 113.

Dieser Stempel ist, wie der in seiner Nähe gefundene Stempel n. 24, aus dem Cabinet Lambert in das Lyoner Museum übergegangen, dessen verdienstvoller Conservatcur, Mr. Martin Daussigny, die Güte gehabt hat, mir einen Siegellackabdruck desselben durch Herrn de la Saussaye zu übersenden. Der Name *Orgilus,* vom griechischen ὀργίλος, jähzornig, ist mir sonst noch nicht vorgekommen. — Von den Mitteln haben wir oben in

n. 38 das *Isochrysum* [19]) *ad claritatem* schon gehabt, und
wenn wir auch das *Thurinum ex ovo* bisher noch nicht
gefunden haben, so ist doch das damit identische *Dialibanu*
ex ovo bekannt genug; vgl. oben die Erläuterungen zu
n. 7 und 9. — Ob das LENe HYGIAsticon (?) AD IMPetum
LIPpitudinis mit dem κολλύριον ὑγείδιον λεγόμενον bei
Galenus Th. XII, S. 761 und Paulus von Aegina VII, 16
übereinstimmen, oder ob vielmehr in Bezug auf Scribonius
Largus de compos. 37. 38 und Marcellus Empir. 8:
LENis HYGRA etc. zu schreiben sei, wage ich nicht zu
entscheiden.

73. Minervalis. *Cirencester* (Glocestershire).

MINERVALIS▾DEALEB | ANVM▾AD▾INPT▾LIPP▾EX▾OV.
MINERVALIS ▾MELINV | AD▾OMNEM▾DOLOREM.

Buckman and Newmarch, Illustrations of the
remains of Roman art in Cirencester S. 117. — Wright,
The Celt, the Roman and the Saxon S. 243. — A. Way
im Archaeological journal VII, S. 357 und in den Bonner
Jahrbüchern XX, S. 174. — Simpson im Monthly
journal of medical science 1851. S. 252. Taf. III, Fig. 11.
— Osann im Philologus VIII, S. 758 ff. — Göttinger
gelehrte Anzeigen 1852, S. 1826. — Grotefend im
Philologus XIII, S. 155, n. 50.

In der sonderbaren Schreibart DEALEBANVM für
DIALIB. spricht sich die spätere (?) englische Aussprache
des *e* (wie *i*) deutlich aus; die unrichtige Endung dieses
Wortes, das eigentlich DIALIBANV heissen muss, so wie
die Unvollständigkeit des Namens des Arztes und die

---

[19]) Das erste Y dieses Namens, das der richtigen Orthographie
widerstrebt, tritt auf dem Siegellackabdrucke ganz klar hervor; die
früheren Herausgeber lasen ISOCHRYSVM.

Orthographie weisen der Inschrift ein späteres Zeitalter an; der Zusatz AD INPeTum LIPPitudinis EX OVo ist uns aus n. 7 schon bekannt. Das *Melinum* haben wir gleichfalls schon mehrmals gesehen; der Zusatz *ad omnem dolorem* erinnert an Galen's Μήλινον τρυφερὸν ποιοῦν πρὸς τοὺς μηδ' ἡντιναοῦν δῆξιν φαρμάκων ὑπομένοντας (Th. XII, S. 769) und an desselben Μήλινον ἀτάραχον ἐπιγραφόμενον (Th. XII, S. 786).

74. Munatius Tacitus und Pompejanus. *Nîmes.*

MVNATI▾TACITI▾CRO.
POMPIIAM▾PACCIANVM.

Pelet, Catalogue du Musée de Nîmes S. 41. — Grotefend im Philologus XIV, S. 629, n. 76. — Siehel, in den Annales d'oculistique LVI, S. 129 ff.

Der Stempel, aus grünem Serpentin, ist bei den Ausgrabungen im Maison carrée zu Nîmes gefunden und von der Witwe des Finders, des Architecten Grangent, an das Museum zu St.-Germain-en-Laye geschenkt worden. — Die Namen der beiden auf ihm verzeichneten Augenärzte sind diesem Stempel eigenthümlich; dass der der zweiten Seite POMPEIANI lauten soll, ist klar; sowohl das E als die letzte Silbe NI sind vermuthlich nur undeutlich geschnitten. — Das *Crocodes* haben wir schon öfter auf den Stempeln gesehen; über das *Paccianum* s. die Erläuterungen zu n. 43.

75. Natalinius Victorinus. *Wien.*

NATALINI▾VICT | ORNI▾LENE▾M▾AD▾IM.
NATALINI▾VICT | ORINI▾HERBACI.
NATALINI▾VICT | ORINI▾HERBA▾CI.
NATALINI▾VICTORI | NI▾DIAMISVS▾A▾D.

von Sacken und Kenner, Die Sammlungen des

13

k. k. Münz- und Antiken Cabinets S. 128, n. 12. —
Grotefend im Philologus XXV, S. 156, n. 83.

Der Name *Natalinius* ist mir bisher noch nicht vorgekommen; er findet indessen ein Analogon in den gerade
in den germanischen Provinzen vorkommenden Namen
Augustalinius, Genialinius, Liberalinius (Brambach Corp.
inscript. Rhenan. n. 319ᵇ. 992. 1000). — Was die Collyrien
anbetrifft, deren Namen uns der Stempel erhalten hat, so
ist das erste, *lene medicamentum ad impetum* ²⁰), uns schon
aus dem Stempel n. 10 bekannt (vgl. auch n. 104); das
HERBACI oder HERBAᵛCI der zweiten und dritten Seite
wollen die ersten Herausgeber *herba cicatricia* lesen;
jedenfalls eine sonderbare Benennung eines Collyriums.
Da wir aus n. 52 ein *herbidum* kennen, möchte wohl
HERB*idum* Ad C**I**catrices oder vielleicht HERB*idum*
ACl*dum* gelesen werden müssen. Merkwürdig bleibt es
immer, dass dieselbe Inschrift sich auf zwei Seiten
wiederholt. Eben so wenig können wir mit der Lesung
der vierten Seite, worin die ersten Herausgeber *Diamisus ad veteres cicatrices* erblicken, mit ihnen ganz übereinstimmen, und verweisen desshalb auf die Erläuterungen
zu n. 44, wo nachgewiesen ist, dass der Zusatz AD nicht
anders als Ad *Diatheses* zu lesen sei.

76. Lucius P. Villanus. *Metz.*

LᵛPᵛVILLANIᵛDIA ‖ SMYRNᵛPOSTᵛIᵛPᵛL.
LᵛPᵛVILLANI ‖ DIA
LᵛPᵛVILLANIᵛDI ‖ ALEPIDᵛADᵛAS.
LᵛPᵛVILLANIᵛLEN ‖ PᵛADᵛIMPᵛLIPPᵛEᵛL.

Sichel in den Annales d'oculistique LVI, S. 226 ff.

---

²⁰) Die Buchstaben MᵛADᵛIM. sind in zwei Gruppen durch
Ligaturen verschlungen.

Nach Herrn Dr. Sichel's Versicherung haben die P dieses Stempels unten einen Balken, fast wie der des T oben. Wenn dies bloss bei den P der Fall wäre, welche das Nomen des Augenarztes bezeichnen, nicht auch bei den in den übrigen Wörtern, dann würden wir in ihm eine Ligatur von P und L finden können, und zugleich eine Abbreviatur haben, die nicht ohne Beispiel ist. Eine zu Puteoli gefundene Inschrift (Mommsen Inscr. r. Neap. n. 7220) lautet: DˇM ‖ LˇPLˇHER ‖ MIPPOˇPVR. Wie aber dieser Name ergänzt werden muss, ist nicht zu bestimmen. — Die Mittel anlangend, so ist das erste ein *Diasmyrnes post impetum pituitae lippitudinis*. So möchte ich mit Hinweisung auf Celsus VI, 6, 1 [21]) die Abkürzungen deuten, die Dr. Sichel der Unwissenheit des Stempelschneiders zuzuschreiben sich genöthigt- sieht, da er sie nur durch das gewöhnliche POST ImPetum Lippitudinis zu erklären weiss. — Das Mittel der zweiten Seite ist unvollständig geblieben; ob es ein *Diarhodon* oder ein *Dialibanu* oder ein *Diapsoricum* oder ein *Diamisyos* oder ein *Diaceratos* hat werden sollen, müssen wir dahin gestellt sein lassen. — Die Inschrift der dritten Seite, *Dialepidos ad aspritudines*, bedarf keiner Erläuterung; dagegen muss ich in Betreff des vierten Mittels eine Bemerkung mir erlauben. Herr Dr. Sichel liest dieselbe: LˇPˇVILLANI LENe *Penicillum* AD IMPetum LIPP[EL]*itudinis*, und beschuldigt den armen Stempel-schneider wieder einer groben Unwissenheit, weil er LIPPEˇ L für LIPPITV geschrieben habe. Herr Dr. Sichel hat dabei

---

[21]) Hier nur der Anfang dieser Stelle: *Protinus autem orta lippitudine, quaedam notae sunt, ex quibus, quid eventurum sit, colligere possimus. Nam, si simul et lacrima et tumor et crassa pituita coeperint, si ea pituita lacrimae mixta est, neque lacrima calida est, pituita vero alba et mollis, tumor non durus, longae valetudinis metus non est.*

die erste Regel einer ruhigen Kritik ausser Augen gelassen, nicht eher einen Irrthum in der Schreibung zu vermuthen, bis man überzeugt ist von der Unmöglichkeit einer Erklärung. Ich lese die Inschrift einfach: *Lucii* P-----*ii* VILLANI LEN*e Penicillum* AD IMP*etum* LIPP*i-tudinis* E *Lacte.* Ein *Penicillum lene ex ovo* haben wir schon in n. 14, 39 u. 49 gesehen, hier ist ein noch sanfteres Mittel *e lacte.* Celsus sagt VI, 6, 8: *Quo gravior vero quaeque inflammatio est, eo magis leniri medicamentum debet, adjecto vel albo ovi, vel muliebri lacte,* und in dem folgenden Capitel: *Utendum deinde vel iisdem collyriis est ex lacte aut ovo, vel croco, cui album ovi misceatur.* Vgl. noch Galen. de compos. medicam. sec. locos Th. XII, S. 750 ed. Kühn., wo dies *e lacte muliebri* durch διὰ γάλακτος γυναικείου gegeben wird, und S. 760 und 768, wo einfach ἡ χρῆσις διὰ γάλακτος steht. Auf Augenarztstempeln hatte sich bis dahin ein ähnlicher Zusatz nur einmal gefunden (der Stempel n. 52 hat ein LENE ᵛ M ᵛ LACT.); um so interessanter wird dadurch unser Metzer Stempel.

77. Paulinus. *Paris.*

PAVLINIᵛDIAB ‖ SORICVMᵛI.

▨▨▨▨▨▨▨▨▨ ‖ IMV▨▨▨▨NI.

PAVLINI ᵛ LEN ‖ IᵛPNICLM.

Sichel, Cinq cachets etc. S. 11 ff. — Duchalais a. a. O. S. 194 f. — Zell, Delectus inscr. Rom. n. 1899. — Grotefend im Philologus XIII, S. 155 f., n. 51.

Sichel beschreibt diesen Stempel sehr genau. Die einzelnen Seiten sind auf der daran stossenden Fläche durch Zahlen bezeichnet, die vierte Seite ist ganz frei, auch fehlt ihr die Bezeichnung durch eine Zahl; von der Legende der zweiten Seite, die fast ganz abgeschliffen ist, sind noch schwache Reste der zweiten Zeile geblieben, worin Sichel nicht ohne Wahrscheinlichkeit IMPetum lippitudiNIs vermuthet. — Ob der hier genannte *Paulinus* mit dem Arzte gleichen Namens bei Galenus Th. XIII, S. 211 identisch sei, lassen wir dahin gestellt sein. — Das letzte Zeichen der ersten Seite (I) ist durch mehrere Striche mit einem Grabstichel fast ausgelöscht, soll also nicht gelten und ist wahrscheinlich nur eine Wiederholung der zu dieser Seite gehörigen Zahl I. Ueber das *Diapsoricum* und das LEN[E] PeNICiLluM haben wir schon mehrfach gesprochen; s. namentlich n. 6 u. 14.

78. Phronimus. *Jena.*

PHRoNIM▼DIAPSOR ‖ OPOBALS▼AD▼CLAR.
PHRoNIMI▼DYASMYRN ‖ POST▼IMPET▼LIP▼EX▼oV.
PHRONIMI▼EVODES ‖ AD▼ASPRIT▼ET▼CIK.
PHRoNIMI▼PENICIL ‖ AD▼OMNEM▼LIPPIT.

Walch, Sigillum etc. S. 2 und Taf. — Gough a. a. O. S. 237. — Tôchon d'Annecy n. 15. — Zell n. 1898. — Grotefend im Philologus XIII, S. 156, n. 52.

Dass der *Titus Lollius Fronimus,* dessen Stempel oben unter n. 64 gegeben ist, mit dem *Phronimus* des hier behandelten Stempels identisch sei, daran lässt sich, wie schon oben angedeutet ist, mit Recht zweifeln. — Die Heilmittel: *Diapsoricum opobalsamatum ad claritatem, Diasmyrnes post impetum lippitudinis ex ovo, Evodes ad aspritudines et cicatrices, Penicillum ad omnem lippitudinem* sind aus dem Obigen bekannt genug.

79. Se. Po. Calenus. *Beauvais* (Dép. de l'Oise).

SE▼PO▼CALENI▼DIALEPIDOS▼AD▼VETERES▼CICATRICES.
SE▼PO▼CALENI▼AMIE▼STACTVM▼OPOBALS▼AD▼CI.
‒ ‒ ‒ ‒ ‒ ‒ ‒ ‒ ‒ ‒ [DIAM]ISVM▼AD▼VETERES▼CICATRICES.
~ ‒ ‒ ‒ ‒ ‒ ‒ ‒ ‒ [DIASMY]RNES▼AD▼SEDATVS▼LIP.

Grivaud de la Vincelle, Recueil de monumens antiques II, S. 287. — Duchalais a. a. O. XVIII, S. 217 f. — Grotefend im Philologus XIII, S. 156, n. 53. — Sichel in den Annales d'oculistique LVI, S. 102 f. Die Abschrift dieses Stempels lässt viel zu wünschen übrig; eine Angabe der Zeileneintheilung fehlt gänzlich. Die Abkürzungen in den Namen des Augenarztes sind so befremdend dass Herr Dr. Sichel in den Annales d'oculistique LVI, S. 279 mit Recht die Vermuthung ausspricht, ob nicht in den Namen dieses Stempels dieselben Namen gefunden werden könnten, welche der nächstfolgende Stempel bietet: *Sexti Pollenii Solemnis.* — Unter den Mitteln verlangen nur die letzten drei eine Besprechung; auf der zweiten Seite ist das bekannte STACTVM OPOBALS*amatum* AD C*laritatem* oder AD C*aliginem* (s. zu n. 10) mit einem Epitheton versehen, das AMIE gelesen ist. Ich vermuthe AΛHE*merum* (s. zu n. 11). Auf der dritten Seite führt die Endung ISVM in Verbindung mit dem Zusatze *ad veteres cicatrices* auf *Diamisum,* eine Form, die allerdings mit den richtigen Formen *Dialepidos* und *Diasmyrnes* desselben Stempels schlecht harmonirt. Vgl. oben n. 53. Das Wort SEDA-TVS, noch dazu im Plural, fehlt, falls dasselbe wirklich auf dem Steine steht und so ausgeschrieben ist, in den Lexicis. Dr. Sichel nimmt es für eine falschergänzte Abbreviatur und will dafür SCABRITIES ET lesen.

80. Sextus Pollenius Sollemnis. *St.-Privat-d'Allier* (Haute-Loire).

SEXᵛPOLLEᵛSOL ‖ LEMᵛCHELᵛADᵛCA.
SEXᵛPOLLEᵛSOLL ‖ EᵛFAEONᵛADᵛLIP.
SEXTᵛPOLLEI▨ ‖ SOLEMᵛDIASᵛLE.
SEXᵛPOLLEᵛSOLE ∤ MᵛHAEMᵛADᵛASP.

Paris in den Annales d'oculistique LVI, S. 48 ff. — Sichel daselbst S. 98 ff. und 275 ff.

Auch dieser Stempel ist mit einer Anzahl chirurgischer Instrumente, den Scherben einer Urne und 17 römischen Münzen gefunden, deren jüngste vom Kaiser Gallienus ist. Wir haben in dieser also einen Anhaltspunkt für die Bestimmung des Alters dieses Stempels. — Den Namen des Augenarztes, dem er angehört hat, ergänzt Herr Dr. Sichel: Sexti Pollenii Sollemnis (oder, wie auf den beiden letzten Seiten steht, Solemnis) und verweist wegen des seltneren Namens Pollenius auf Gruter 251 und 816, 3 (= 737, 1), hätte auch noch Muratori 605, 1 und Kandler Iscrizioni dei tempi Romani nell' Istria n. 281 hinzufügen können Das I am Schlusse der ersten Zeile der dritten Inschrift erklärt er für den Anfang eines N, nicht für ein T, wie Paris gethan. Aber auch der Name Pollentius kommt auf römischen Inschriften vor (Kandler a. a. O. n. 265. 266) und selbst der Name Polletius, obwohl er nicht als wirklich existirend nachzuweisen ist, würde nicht befremdend gewesen sein, da wir, ausser den bekannteren Vegetius, Lucretius und Vignetius, auf Inschriften auch die Namen Videtius, Soletius, Suetius finden, die eben so von video, soleo, sueo abgeleitet sind, wie Polletius von polleo abgeleitet sein könnte. — Ueber das Chelidonium ad caligines s. die Erläuterungen zu n. 6. Das Mittel der zweiten Seite, FAEON AD LIPPitudinem, sollte eigentlich mit einem PH geschrieben sein, da es dem griechischen Worte φαιόν (= fuscum, pullum, schwärzlich, dunkel) seinen Namen verdankt. Es wird von verschiedenen alten Schriftstellern gerühmt, s. Galenus de compos. medicam. sec. locos IV, 8. Th. XII, S. 748 und 753; Scribonius Largus III, 23; Paulus Aegin. III, 22; Aëtius II, 3, 109. — Auf der dritten Seite unseres Stempels glaubt Herr Dr. Sichel ein Dialepidos zu finden, indem er das S als irrthümlich zwischengeschoben ansieht. Da dieses S nach den von Sichel auf S. 276 wiedergegebenen Abdrücken wirklich auf dem Steine sich findet, wird es doch wohl Pflicht sein, eine Erklärung zu versuchen, die es nicht so geradezu wegwirft. Ich schlage DIASmyrnes LEne vor, wenn gleich die Bezeichnung *lene* auf den Augenarztstempeln sonst nicht mit dem Collyrium *Diasmyrnes* in Verbindung gebracht wird. — Dass das Mittel der vierten Seite HAEMatinum AD ASPritudines zu ergänzen ist, hat Sichel S. 277 nachgewiesen. Galenus a. a. O. XII, S. 775 giebt das Recept zu einem Αἱμάτινον Συνέρωτος τραχωματικὸν ἀγαθόν, das gewiss nicht sehr von dem *Haematinum* des Sollemnis abwich.

81. Quintus Pomponius Graecinus. *Dalheim* (Luxemburg).

Q˅POMP˅GRAECIN ‖ EVOD˅AD˅ASPR.
Q˅POMP˅GRAECIN ‖ [DIAMI]S˅AD˅DI.

Namur in den Publications de la société pour la recherche et la conserv. des mon. hist. dans le Gr.-Duché de Luxembourg XI, S. LXXXV ff. Taf. IV, Fig. 4. — Klein, in den Bonner Jahrbüchern XXVI, S. 173. — Grotefend im Philologus XIII, S. 157, n. 54.

Bei dem sehr natürlichen Zweifel, ob wir den Namen des Arztes zu POMPejus oder zu POMPonius ergänzen sollen, kommt uns Ovid's Freund, der Consul suffectus des Jahres 769, zu Hülfe und entscheidet zu Gunsten des Letzteren; in welcher Beziehung aber unser Augenarzt zu dem Consul *Pomponius Graecinus* gestanden haben möge, vermag ich nicht anzudeuten. — Die zweite Seite erklärt Namur für *indéchiffrable;* da sie indess, nach

Namur's eigenem Ausdrucke, dieselbe Officin [22]) angiebt, wie die erste Seite, und die Endbuchstaben deutlich SADDI zu lesen sein sollen, habe ich gewagt, sie zu déchiffriren, ohne sie gesehen zu haben. Das *Diamisus ad diathesis* kennen wir von den Stempeln n. 54 und 57 her.

82. Lucius Pomponius Nigrinus. *Frankreich.*

Grotefend im Philologus XIV, S. 629 f., n. 77.

Bei der 1854 zu Moulins abgehaltenen General-Versammlung der französischen Gesellschaft für Erhaltung historischer Denkmale legte der Abbé Crosnier aus Nevers einen Augenarztstempel vor, über welchen der Compte rendu des séances générales tenues à Moulins, en 1854, S. 98 f. nichts weiter enthält als folgende Angabe: „*Ce cachet porte le nom de Lucius Pomponius Nigrinus; il est dans un très-bel état de conservation. Contrairement à celui d'Entrains (= n. 92), qui a quatre inscriptions, il n'en porte que deux sur ses tranches: la première, en trois lignes fort bien conservées; la seconde, très-fruste, en deux lignes. La première inscription indique un collyre devant être employé avec de l'oeuf délayé, dans les premiers jours de la maladie; la seconde devait servir dans le reste de la maladie.*" Wahrscheinlich enthält die erste Seite ein AVTHEMERVM EX OVO (vgl. n. 11); das Mittel der zweiten Seite mit einiger Sicherheit anzudeuten, reichen die Angaben des Compte rendu nicht zu, da man sowohl auf POST IMPETVM LIPPITVDINIS, als auf AD VETERES CICATRICES rathen könnte.

---

[22]) Namur liest nämlich statt Q *(Quinti)* die literae ligatae OF i. e. *officina.*

14

83. Proculus. *Neris* (Picardie).

PROCVLIˇEVO ‖ DESˇADˇVOLCE.
PROCVLI ‖ STACTVM.
PROCVLIˇDIALE‖PIDOSˇADˇASPR.
PROCVLI ‖ CIRRON.

Dufour in den Mémoires de la société des antiq. de Picardie VIII, S. 596. — Henzen, Suppl. inscr. Orell. n. 7248. — Klein in den Bonner Jahrbüchern XXVI, S. 175. — Grotefend im Philologus XIII, S. 157, n. 55. Mit dem Proclus aus Rhegium, einem gelehrten Arzte aus der Schule der Methodiker (Fabric. Bibl. Gr. XIII, S. 380), wird unser Proculus wohl nichts zu thun haben. — Das erste der von ihm debitirten Heilmittel, EVODES, wird mit dem Zusatze AD VOLCE genannt. Dufour liest dies: AD Veteres OcuLorum CicatricEs. Dass dies die richtige Lesung nicht sei, wird jeder nur einigermassen in der römischen Epigraphik Bewanderte sofort zugestehen. Henzen lässt sich auf eine Erklärung der Worte nicht ein. Sollte vielleicht AD VOLnera CEranda das Richtige sein? Die Heilmittel der zweiten und dritten Seite sind bekannt; aber das vierte, CIRRON, das uns nur auf diesem Stempel entgegentritt, bedarf einer Erläuterung. Es hat seinen Namen, wie das μήλινον und das Chrysomelinum (vergl. zu n. 53), von seiner gelben Farbe. Wir finden bei den alten Schriftstellern verschiedene Mittel, die als κολλύριον κιῤῥὸν bezeichnet werden, so bei Galenus Th. XII, S. 783, wo ein solches κολλύριον κιῤῥὸν, πάγχρηστον ἐπιγραφόμενον, φάρμακον ἐπιτετευγμένον πρὸς ψωρώδεις καὶ περιβεβρωμένους κανϑοὺς καὶ ἐπιτεταμένους κνησμοὺς καὶ βλέφαρα συκώδη genannt wird, und bei Alexander Trall. II, 1, wo ein ähnliches Collyrium ἄλλο κιῤῥὸν, κηρύκιον λεγόμενον, heisst.

84. Reginus. *Aleria* (Corsica).

REGINI·DIASMYRNES·POST
LIPPITVDINES·EX·OVO·PRIMVM.

Baudot 'in Millin's Magasin encyclop. 1809. T. II.
S. 105. — Duchalais a. a. O. S. 227. — Grotefend
im Philologus XIII, S. 158, n. 56.

Es ist ein sonderbarer Zufall, dass hier auf den
Proculus ein Reginus folgt, da beide doch mit dem
Proclus Rheginus nichts zu thun haben. — Neu ist nicht
nur der Plural LIPPITVDINES, der vielleicht nur einer
verfehlten Ergänzung seinen Ursprung verdankt [23]), sondern auch der Zusatz EX·OVO·PRIMVM, den Siehel in
den Annales d'oculistique LVI, S. 221 durch *d'abord
délayé dans du blanc d'oeuf* übersetzt. Sollte nicht
vielleicht das *primum* für *semel* gebraucht sein, und
ebenso erklärt werden können, wie auf n. 47 *bis* und auf
n. 26 *ter?*

84b. Gajus Romanius Stephanus. *Villefranche
sur Cher* (Départ. Loire et Cher).

C·ROMANI·STEPHANI·AD·RECENT·CIC.
C·ROMANI·STEPHAN·AD·DIATHESES·TOLL.

Die Inschriften dieses Stempels gebe ich nach brief-
licher Mittheilung des Herrn de la Saussaye zu Lyon,
die aus einem Aufsatze des Herrn Dr. Bourgoing in
den Mémoires de la société académique de Blois ge-
schöpft ist und mir gerade während des Druckes dieser
Seiten zuging. Auf die Zeileneintheilung war in der-

---

[23]) Die zweite Zeile dieser Inschrift ist auffäl[...] d[...]ung, was
allerdings auf eine Ergänzung von Abkürzungen [...] s[...]
schliessen lässt.

selben leider keine Rücksicht genommen. — Ob der
Augenarzt dieses Stempels mit dem des zunächst hier
folgenden identisch ist, steht zwar nicht fest, dürfte aber
doch als wahrscheinlich angenommen werden. Dass der
Stephanus von Alexandria und der Stephanus von Athen,
welche als namhafte Aerzte der späteren Zeit genannt
werden (vgl. Bussemaker in Revue de Philologie I,
S. 415 ff., Bähr in Pauly's Encyclopädie VI, 1, S. 1414, 6),
von dem unsrigen verschieden waren, braucht wohl nicht
erst bemerkt zu werden. — Die beiden Mittel, welche
der Stempel enthält, sind nicht namhaft gemacht; statt
der Namen wird uns nur deren Anwendung genannt.
Ein Mittel *ad recentes cicatrices* haben wir auf keinem
der bisher bekannt gewordenen Stempel kennen gelernt,
ein *Diamisus ad diatheses tollendas* haben wir auf einem
der Stempel von Nais (n. 54) gefunden; ein ähnliches
wird es sein, was uns hier geboten wird.

85. Romanius. *Bavay* (Dép. du Nord).

ROMANI·D░░ ‖ ░░░░░░░░
ROMANI·CRO ‖ CODES·AD·ASP✥
ROMANI · DIA ‖ PSORICVM ✥

Siehel in den Annales d'oculistique LVI, S. 123 f.

Was den Namen des Augenarztes anbetrifft, so haben
wir zu dem Stempel n. 84[b] schon erklärt, dass er
Romanius zu lesen sein werde und wahrscheinlich den
C. Romanius Stephanus jenes Stempels bezeichne. Die
beiden noch lesbaren Collyrien bedürfen keiner Erläuterung; das auf der ersten Seite durch Abschleifen unkenntlich gewordene anzugeben, ist bei der Menge von
Collyrien, welche mit D beginnen, leider unmöglich; auch
die Inschrift der vierten Seite ist ganz vertilgt.

86. Sextus Rom[ilius?] Symforus. *Saint-Aubin-sur-Gaillon.*

SEXᵛROMᵛSYM | FORIᵛDIARHODON.
SEXᵛROMᵛSYMFORI | ANICETᵛADᵛDIATHE.
SEXTᵛROMᵛSYMFO ‖ [RI]ᵛDIAMISᵛADᵛDIAT.

Bandry in de Caumont's Bulletin monumental
Th. XXXII, S. 39. — Grotefend im Philologus XXV,
S. 156, n. 84.

Wenn gleich ROM. auch *Romanius* und *Romatius* gelesen werden kann, Namen, die auf Inschriften nachzuweisen
sind und deren ersteren wir auf den beiden vorhergehenden
Nummern schon gefunden haben, glaubte ich hier doch
Romilius vorziehen zu müssen, weil anzunehmen ist, dass
die bekannte Abkürzung ROM*ilia tribu* die Veranlassung
dazu gegeben hat, auch den Familiennamen *Romilius* ebenso
abzukürzen. Wie hier SYMFORI statt SYMPHORI geschrieben ist, so haben wir auch oben FLOGIVM, SARCO-
FAGVM, FRONIMI, EPIFORAS, FAEON mit gleicher
Schreibweise gefunden. — Ueber das *Aniceton,* das hier
den Zusatz *ad diathesis* hat, s. die Erläuterungen zu n. 29ᵇ.

87. Gajus Ru . . . Plotinus. *Reims.*

[Cᵛ]RVᵛPLOTINIᵛDIAS ‖ MYRNᵛPOSTᵛIMPET.
CᵛRVᵛPLoTINIᵛDIA ‖ FSoRᵛoBoBᵛADᵛCLAᵛoC.

Sichel in den Annales d'oculistique LVI, S. 251 ff.
Ueber die Auffindung dieses Stempels mit einer
Anzahl fester Collyrien, chirurgischer Instrumente u. s. w.
ist schon oben im Vorworte und in der Erläuterung zu
n. 67. 68 berichtet worden. — Auf einer der beiden
leeren Seiten dieses Stempels sind die Linien für eine
Inschrift eingeritzt, die Inschrift selbst ist aber noch
nicht angefangen. — Wie die Silbe RV. zu ergänzen

sein möge, ist bei der Menge von Namen, welche damit
beginnen [24]), zu unsicher, als dass ich mich darauf ein-
lassen möchte; Sichel schlägt *Rubrius* oder *Rufius* vor.
— Die Mittel, sowohl das *Diasmyrnes post impetum*, als
das *Diapsoricum opobalsamatum ad claritatem oculorum*,
sind hinlänglich besprochen; zu bemerken sind nur die
beiden Fehler in dem letzteren, in welchem statt eines
P das eine Mal F, das andere Mal B gesetzt ist.

88. Lucius Saccius Menander. *Besançon*.

LᵛSACCIᵛMENANDRᵛCHELIDONIMᵛADᵛCA.
LᵛSACCIᵛMENANDRᵛMELINVMᵛDELACR.
LᵛSACCIᵛMENANDRIᵛTHALASSEROSᵛDELAC.
LᵛSACCIᵛMENANᵛDIASPHORICᵛADᵛSC.

Caylus, Recueil I, S. 230. — Gough a. a. O. S. 234.
— Tôchon d'Annecy n. 11. — Grotefend im Philologus XIII, S. 158, n. 57.

Die Zeileneintheilung dieses Stempels wird von
Caylus nicht angegeben, wie überhaupt die Abschrift
nicht genau genommen zu sein scheint; da indess nicht
bekannt ist, wo der Stempel jetzt sich befindet, müssen
wir mit der Abschrift von Caylus uns begnügen. —
Der Name *Saccius* ist mir allerdings nicht bekannt,
und man könnte desshalb versucht werden, den bekannteren Namen *Saccidius* demselben zu substituiren;
allein auch dieser Name ist nicht gewöhnlich genug, um
wie die Namen IVL*ius*, FL*avius*, CL*audius*, AVR*elius*,
VAL*erius*, ROM*ilius* und andere ohne Noth abgekürzt
zu werden; ich habe desshalb nicht gewagt, von der

---

[24]) Die Inschriften haben, mit Uebergehung der unsichern, die
Namen: *Rubellius, Rublejus, Rubrius, Rufellejus, Rufellius, Rufinius,
Rufius, Rufonius, Rufrinius, Rufrius, Rummius, Runnius, Runtius,
Rupilius, Rusonius, Rusticellius, Rustius, Rutilius.*

Lesung *Saccii* abzugehen. — Dass auf der ersten Seite
des Stempels CHELIDONIuM (vermuthlich ist das V mit
dem M ligirt, wie in dem Worte ANICETVM auf n. 29ᵇ)
AD CA*ligines*, auf der letztern DIAPSORICum AD SCabrities zu lesen sei, ist deutlich. Auf dem Stempel n. 58
hatten wir ein *Stactum delacrimatorium;* hier erhalten
wir ein *Melinum* und ein *Thalasseros* mit diesem Zusatze;
das Letztere kehrt auch auf n. 90 wieder.

89. Gajus Sat. Sabinianus. *Besançon.*

GᵥSATᵥSABINIA ‖ NIᵥDIACHERAᵥLE.

Dunod, Histoire des Sequanois S. 205. — Caylus
I, S. 229. — Muratori 508, 5. — Gough a. a. O.
S. 234. — Tôchon n. 9. — Grotefend im Philologus
XIII, S. 159, n. 58. — Siehel in den Annales d'oculistique
LVI, S. 288.

Ich habe hier die Inschrift gegeben, wie sie in dem
scheinbar getreuen Faesimile bei Dunod sich findet.
Muratori und seine Nachfolger geben CᵥSTAT. und
DIACHERALE. Gegen den Namen *C. Statius* wäre nun
zwar nichts einzuwenden, aber der von Dunod ausdrücklich hervorgehobene Punkt vor der letzten Silbe
scheint mir der ihrer Deutung noch harrenden Lesung
Diacherale vorzuziehen. Die Form *Diacherale* für ein
Collyrium ist in der That ziemlich unförmlich. Ich vermuthe DIACERA*tos* LE*ne* ²⁵). Das H mag von dem
Provinzialen aus dialectischen Gründen eingeschoben sein
(vgl. *pulcer* und *pulcher*). Ueber das *Diaceratos* ist oben
zu n. 1 gesprochen. — Schliesslich noch die Bemerkung

---

²⁵) Da dies schon 1858 im Philologus so abgedruckt ist, klingt
es ganz wunderbar, wenn man bei Siehel (1866), der die Inschrift gerade
so erklärt, liest: *Cette pierre n'a pas encore trouvé son explication.*

dass Herr Dr. Sichel nicht ohne Wahrscheinlichkeit als Ergänzung der Silbe SAT. den Namen *Satrius* vorschlägt. Ich weiss nicht, ob der Name CAP. in n. 13 sicher genug verbürgt ist, sonst würde ich gern den Augenarzt von diesem Stempel mit dem des unsrigen identificiren. Der Name *Sabinianus* scheint mir nicht so häufig zu sein, dass er, mit zwei so sonderbar abgekürzten, gleichartig ausschenden Namen verbunden, als Cognomen eines Augenarztes nicht auffallen sollte.

90. Lucius Sextius Marcianus. *Ingweiler* (Elsass).

L˅SEXTI˅MARCIANI˅DIAMYSVS˅AD
VETERES ˅ CICATRICES ˅ COMPL.
L˅SEXTI˅MARCIANI˅TALASS
EROS˅DELACRIMATORI.
L˅SEXTI˅MARCIANI˅DIALEPIDOS
AD˅ASPRITVDINEM˅TOLE.
L ˅ SEXTI ˅ MARCIANI ˅DIASMYR
NES˅POST˅IMPETVM˅LIPPI.

Éloi Johanneau bei Bottin, Mélanges d'archéol. S. 117. — Duchalais a. a. O. S. 226. — Grotefend im Philologus XIII, S. 159, n. 59. — Brambach, Corpus inscr. Rhenan. n. 1878.

Auf den Flächen des Stempels finden sich einerseits die Buchstaben: L˅S˅M. *(Lucii Sextii Marciani)*, andererseits S˅P˅E., wahrscheinlich die Anfangsbuchstaben der Namen eines andern Besitzers oder eines Händlers. Die Inschriften dieses Stempels strotzen von Ligaturen, die bei Brambach getreu nachgeahmt sind; dafür hat er aber auch wenige Abkürzungen, von denen allerdings zwei nicht so ganz bestimmt zu erklären sind. Auf der ersten Seite könnte man ebensowohl COMPL*endas* als COMPL*a-nandas* ergänzen, und auf der dritten Seite TOLE-*randam* oder TOLLE*ndam*, denn die Silbe LE ist durch eine Ligatur dargestellt, die möglicher Weise auch LLE enthalten könnte. Die Heilmittel des Stempels sind übrigens alle schon aus dem Obigen bekannt. Ueber die Schreibart *Diamysus* s. zu n. 61.

91. Gajus Sulpicius Hypnus. *Mandeure* (Herrschaft Mümpelgard).

CᵛSVLPᵛHYPNIᵛST ‖ ACTVMᵛOPOBᵛADᵛCL.
HYPNIᵛCROCODᵛDI ‖ ALEPIDᵛADᵛASPRI.
HYPNIᵛLISIPONVM ‖ ADᵛSVPPVRATION.
HYPNIᵛCOENON ‖ ADᵛCLARITATEM.

Wesseling in den Actis societ. lat. Jenensis III, S. 54. — Gough a. a. O. S. 234. — Mongez in den Mémoires de l'Institut nat. III, S. 385. — Tôchon n. 8. — Fevret de St. Mémin, Descript. de deux cachets ant. d'oculistes rom. (Dijon 1834) Additions. — Orelli n. 4234. — Grotefend im Philologus XIII, S. 159 f., n. 60. — Sichel in den Annales d'oculistique LVI, S. 263.

Dieser Stempel ist der erste, der je bekannt geworden, nämlich im Jahre 1606, vergl. Schreiber in den Mittheilungen des historischen Vereins für Steiermark VI, S. 64. 68 f. — Da der Name *Hypnus* sonst als Eigennamen nicht bekannt ist, ist es dem ersten Entdecker des Stempels, Bauhin, nicht zu verdenken, dass er in HYPNI nicht den Genitiv eines Eigennamens erkannte und desshalb den Sinn der Inschrift ganz verfehlte [26]). — Die hier gebotenen Collyrien sind *Stactum opobalsamatum ad claritatem* [27]), *Dialepidos ad aspritudines,*

---

[26]) Er sagt darüber: *Quidam existimant fuisse sigillum, quo Sulpitius monebat diverso modo suam amasiam de sua voluntate. Quidam alii putant, amuletum esse adversus aliquos morbos.*

[27]) Nicht *cicatrices veteres,* wie ich früher mit Wesseling las.

Lysiponum ad suppurationes und *Coenon ad claritatem*.
Nur das dritte dieser Mittel ist für uns neu; es findet
sich etwas Aehnliches übrigens bei Galenus Th. XII,
S. 771: ᾿Ατιμητροῦ λυσιπόνιον (wohl statt λυσίπονον) und
gleich darauf: Διομήδους λυσιπόνιον (statt λυσίπονον) πρὸς
περιωδυνίας παραχρῆμα λύει τοὺς πόνους. — Warum bei
dem *Coenon* die griechische Endung *on* constant beibehalten wird, haben wir schon oben zu n. 2 berührt.

92. Lucius Terentius Paternus. *Entrains* (Dép. de la Nièvre).

L▾TERENT▾PATERNI ‖ DIATESSERWl.
L ▾ TEREN ▾ PATERNI ‖ MELINVM.
L ▾ TEREN ▾ PATERNI ‖ DIALEPIDVM.
L ▾ TEREN ▾ PATERNI ‖ DIASMYRNEN.

Sichel, Cinq cachets etc. S. 18. — Duchalais
a. a. O. S. 233. — Compte rendu des séances générales
tenues à Nevers, en 1852, par la société française pour
la conservation des monuments historiques S. 174. —
M. de l'Estoille in dem Compte rendu des séances
générales tenues à Moulins en 1854, S. 46 ff. — Grotefend im Philologus XIII, S. 160 n. 61. XIV, S. 628.

Ueber den Augenarzt *Terentius* ist schon oben zu
n. 24 verhandelt; auch einen Augenarzt *Paternus* haben
wir schon in dem *Lucius Caemius Paternus* auf n. 11
kennen gelernt. — Das erste Collyrium dieses Stempels
ist ein *Diatesserum*, διὰ τεσσάρων, aus 4 Stoffen be-
stehend. Den gleichen Namen finden wir bei Paulus von
Aegina III, 77 und bei Marcellus Empiricus c. 20, die
übrigens beide keine Augensalbe, auch beide nicht dasselbe Mittel mit diesem Namen bezeichnen; dagegen
führt Marcellus Empiricus c. 8 ein *collyrium ad cicatrices*

recentes extenuandas et palpebras asperas auf, *quod quia
ex quatuor rebus, ut quadriga equis, constat et celeres
effectus habet, harma dicitur.* Der unrichtig gebildeten
Form *Diatesserum* (statt *Diatesseron*) schliessen sich die
ebenso unrichtigen Formen *Dialepidum* (für *Dialepidos*)
und *Diasmyrnen* (für *Diasmyrnes*) ebenbürtig an.

93. 94. Marcus Ulpius Heracles. *Nimwegen.*

93. MᵛVLPIᵛHERACLETIS ‖ STRATIOTICVM.
MᵛVLPIᵛHERACL ‖ DIARODONᵛADᵛIMP.
MᵛVLPIᵛHERACLETIS ‖ CYCNARIVMᵛADᵛIMP.
MᵛVLPIᵛHERACLETIS ‖ TALASSEROSᵛA.

Saxe, Epistola ad Henr. van Wyn etc. S. 23 ff. —
Gough a. a. O. S. 229. — Tôehon d'Anncey n: 1. —
Janssen in den Bonner Jahrbüchern VII, S. 74, n. 16.
— Grotefend im Philologus XIII, S. 160, n. 62. —
Brambach, Corp. inscr. Rhenan. n. 76.

94. MARCIᵛVLPIᵛHERA ‖ CLETISᵛMELINVM.
MARCIᵛVLPIᵛHERA ‖ CLETISᵛTIPINVM.
MARCIᵛVLPIᵛHERACL ‖ ETISᵛDIARICESᵛAD.
MARCIᵛVLPIᵛHERA ‖ CLETISᵛDIAMYSVS.

Saxe, Epistola ad Henr. van Wyn etc. S. 29 ff. —
Gough a. a. O. S. 230. — Janssen, Mus. Lugd. Batav.
inscr. S. 163, n. 342. Taf. XXXII, 342. Vgl. Bonner
Jahrbb. VII, S. 75. — Grotefend im Philologus XIII,
S. 161, n. 63. — Brambaeh, Corp. inscr. Rhenan. n. 75.

Zwei Stempel desselben Arztes [28]) mit je vier verschiedenen Collyrien, von denen zwei auf dem ersten
und zwei auf dem zweiten Steine uns noch nicht vorge-

---

[28]) Ueber die Genitiv-Form *Heracletis* s. die Erläuterungen zu
n. 2.

kommen sind. Eine Salbe, die *Stratioticum* genannt
wird, lehren uns Scribonius Largus 33, Marcellus Empi-
rieus 8, Nicolaus Myreps. XXIV, 76 und Aëtius II, 3, 110
kennen. Das *Cycnarium* kennen wir aus Paulus Aegineta
VII, 16; ob dasselbe mit dem *Cycnus*, das wir aus n. 66
und aus Galenus Th. XII, S. 708 kennen, gleichbedeutend
gewesen, weiss ich nicht. Was aus dem TIPINVM gemacht werden soll, ist mir nicht klar; wer die getreue
Abbildung bei Janssen vor Augen hat, kann an eine
Correctur, wie sie Siehel (in den Annales d'oculistique
LVI, S. 118) vorschlägt, nämlich mit Saxe Li*Rinum* zu
lesen, nicht denken; auch TVRINVM möchte ich nicht
billigen. Unter *Diarices* könnte vielleicht ein Collyrium
διαρκές, ein dauerndes Erfolg versprechendes Collyrium,
verborgen sein; meinetwegen auch ein Διερεικές, das
Saxe, Triller folgend, darin erkennen will, oder vielmehr, wie Husemann in der Zeitschrift, „Deutsche
Klinik“ 1860, S. 163 richtiger schreibt: διὰ ἐρείκης, da
zu dem ἀχάριστον nach Galenus Th. XII, S. 740 auch
4 Drachmen ἐρείκης καρποῦ gebraucht wurden und auch
Oribasius und Aëtius II, 3, 102 eines solchen Mittels
gedenken. Dass das AD wahrscheinlich A*d* D*iatheses*
zu lesen sei, ist oben zu n. 44 dargethan.

95. Marcus Urbicius Sanctus. *Mandeure* (bei Mümpelgard).

M⋅VRBICI⋅SANCTI ‖ COENON⋅AↃ⋅RLIGI.
M⋅VRBICI⋅SANCT⋅ST ‖ ACTVM⋅AD⋅CLARIT.
M⋅VRBICI⋅SANC ‖ TI⋅CY.

Siehel in den Annales d'oculistique LVI, S. 290 ff.
Die Inschrift der dritten Seite dieses Stempels scheint
unvollendet zu sein; auf der vierten Seite sind nur die

für die Inschrift bestimmten Linien eingeritzt. — Der
Name *Urbicius* (denn so, nicht *Urbicus*, wird der Arzt
genannt werden müssen) gehört zu den seltneren. Mir
ist er bisher nur aus einer Karlsburger Inschrift bei
Gruter 570, 4 bekannt geworden [20]). — Das *Coenon* haben
wir auf den Stempeln n. 2, 20 und 91 gehabt, allein in
allen drei Fällen mit dem Zusatze *ad claritatem*, hier
steht dafür *ad caliginem* (so ist statt RLIGI. zu lesen).
Auf ähnliche Weise wird das *Diapsoricum* auf n. 20, 29,
32, 62, 78 und 87 *ad claritatem* angepriesen, auf n. 13
und 21 dagegen *ad caliginem*. Das auf der dritten Seite
durch CY bezeichnete Mittel wird *Cycnus* oder *Cycnarium*
sein sollen, über welche Collyrien zu n. 66 und 93 die
nöthigen Nachweisungen gegeben sind.

96. Lucius Valerius Latinus. *Tranent* bei
Inveresk in Schottland.

LᵛVALᵛLATINIᵛEVODESᵛADᵛCl
CATRICES ᵛ ET ᵛ ASPRITVDIN.
LᵛVALᵛLATINIᵛAPALOCRO
CODES ᵛ AD ᵛ DIATHESIS.

Simpson in dem Monthly journal of medical science
1851, Jan. und daraus übersetzt in den Annales d'oculistique XXVI, S. 91 — 94, Taf. I, Fig. 1. — Wright,
The Celt, the Roman and the Saxon S. 247. — Becker
in den Jahrbb. für Philol. und Pädag. 1858, LXXVII,
S. 589 und in den Heidelberger Jahrbb. 1858, S. 849. —
Grotefend im Philologus XIV, S. 630. — Sichel in
den Annales d'oculistique LVI, S. 237.

---

[20]) In der Algierischen Inschrift bei Renier, Inscr. de l'Algérie
n. 4298, ist *Urbicii* nur eine allerdings sehr wahrscheinliche Ergänzung
Renier's.

Der Name des auf diesem Stempel genannten Augenarztes ist früher und auch noch ganz kürzlich von
Sichel VALLATINVS gelesen worden, während die
Lesung VALerii LATINI so nahe lag. Da bei weitem
die meisten der Augenarztstempel Praenomen, Nomen
und Cognomen der Augenärzte nennen, der Name
Vallatinus oder *Vallatinius* ohne Beispiel ist, dagegen
ein *L. Valerius Latinus* auf zwei spanischen Inschriften
bei Gruter 379, 3 und Muratori 1226, 2 genannt wird,
glaube ich nicht an der Richtigkeit der Trennung dieses
Namens zweifeln zu dürfen. — Von den Heilmitteln ist das
erste schon öfter da gewesen, das zweite, ἁπαλοκροκῶδες,
Crocodes lene, bis jetzt noch nicht vorgekommen, während
das einfache CROCODES AD DIATHES. sich schon auf
n. 50 fand. Ueber die Form DIATHESIS, die Sichel
S. 239 mit Unrecht für einen Irrthum des Graveurs hält,
s. zu n. 57.

97. Quintus Valerius Sextus und Gajus Vitalius Amandio. *Daspich* (Dép. de la Moselle) [30]).

Q ᵛ VALERI ᵛ SEXTI ᵛ STAC
TVM ᵛ AD ᵛ CALIGINES
OPOBALSAMATVM.
G ᵛ VITALI ᵛ AMANDI
ONIS ᵛ CLORON ⸸

Ausland 1836, N. 276, S. 1204. — Giornale Arcadico
(1838) LXXIV, 123. — Henzen-Orelli n. 7249. —
Overbeck, Katalog des Bonner Museums S. 150, n. 10.
— Grotefend im Philologus XIII, S. 161, n. 64. —
Osann im Philologus XIV, S. 632. — Brambach,
Corpus inscr. Rhenan. n. 1875.

---

[30]) Daspich ist ein Dorf bei Florange im Canton Thionville in
dem französischen Luxemburg.

Die erste Seite dieses Stempels gehört zu den wenigen, welche dreitheilig sind, während die zweite auf die gewöhnliche Weise in zwei Zeilen beschrieben ist. Auf der zweiten Seite ist das G als Abkürzung des Namens *Gajus* vollkommen sicher. Der Name *Vitalius* gehört zu den seltneren, ist indess durch die in Deutschland gefundenen Inschriften bei Gruter 853, 12; Muratori 1766, 8 und Steiner Cod. inscr. Rhen. n. 109 hinlänglich verbürgt, so dass wir nicht nöthig haben *Vitalinius* lesen zu wollen. Der Name *Amandio* ist auf dieselbe Weise von *Amandus* gebildet, wie so manche römische Cognomina auf *io* gebildet sind, theils von Zahlwörtern, wie *Primio, Secundio, Quartio, Quintio*, theils von Adjectiven, wie *Maximio, Celerio, Faustio, Felicio, Hilario, Stabilio* u. s. w. Hinter dem Worte CLORON (so ist statt CHLORON auf dem Stempel geschrieben) steht statt des Punktes ein Blatt, das Overbeck zu der Lesung CLORONO verleitete.

98. Lucius Varius Heliodorus. *Paris.*

L▾VAR▾HELIODORI ‖ EVVODES▾AD▾CICA.
L▾VAR▾HELIODORI ‖ DIAMISYOS▾AD▾ASPR.
[L▾VAR▾H]ELIODORI▾DIAL ‖ EPID▾AD▾CICATR.
L▾VARI▨▨▨▨▨▨▨▨ ‖ PALLAD▨▨▨▨▨

Sichel, Cinq cachets etc. S. 9. — Duchalais a. a. O. S. 200 f. — Grotefend im Philologus XIII, S. 162, n. 65.

Auf der Oberfläche des Stempels steht: SCRIPSIT ‖ MA----E‖D▾M▾OL. Die Bedeutung dieser Buchstaben zu enträthseln, scheint unmöglich. — Den Augenarzt dieses Stempels identificirt Osann im Philologus XIV, S. 640 ff. mit dem Verfasser der ’Ιατρικὰ θαύματα, eines Gedichtes, von welchem uns Stobaeus ein Fragment auf-

bewahrt hat, und mit dem Athener Heliodorus, dessen
Galenus de antid. II. Th. XIV, S. 144 ff. erwähnt. —
Ueber die Verdoppelung des V in EVVODES s. die
Erläuterung zu n. 15. Das *Diamisyos ad aspritudines*
giebt Osann Veranlassung, bei Galenus a. a. O. τραχω-
ματικῶν ποιητής statt τραγῳδιῶν ποιητής zu schreiben,
wobei ποιητής in seiner eigentlichen Bedeutung „Verfertiger" genommen werden muss. Das *Palladium* haben
wir schon oben auf n. 46 kennen gelernt.

99. Marcus Vicellius Herestratus. *Vervins* (Picardie).

MᵛVICELLIᵛHERESTRATIᵛCROCODES.
MᵛVICELLIᵛHERESTRATIᵛDIAPSORI.
MARCIᵛNARDIN.
MARCIᵛCELIDO.

Janssen in der Revue archéologique VI, 2, S. 578.
— Becker in den Jahrbüchern für Philol. und Pädag.
LXXVII, S. 588. — Grotefend im Philologus XIII,
S. 162, n. 66.

Weder der Name *Vicellius*, noch das Cognomen *Herestratus* lassen sich sonst nachweisen. *Vigellius* oder *Visellius*
und *Herostratus* sind bekannt; man kann sich aber nicht
wohl befugt erachten, diese Namen den hier gegebenen zu
substituiren, obwohl die Abschrift des Stempels so ungenau ist, dass sie nicht einmal angiebt, ob und wo eine
Zeilentrennung statt findet. — Die Mittel des Stempels
sind oben hinlänglich besprochen; in dem letzten derselben ist, wie in CLORON auf n. 97, in ISOCRY*son* auf
n. 1 und in CRSOMAELINM (für *Chrysomelinum*) auf
n. 53, das C für CH zu nehmen.

100. Titus Vindacius Ariovistus. *Kenchester* (Herefordshire).

T˅VINDAC˅ARIO ∥ VISTI˅ANICET.

T˅VINDACI˅ARI ∥ OVIST˅NARD.

VINDAC˅ARI ∥ OVISTI˅CHLORON.

T˅VINDAC˅ARIO ∥ VISTI˅C▨▨▨▨N.

Ch. Roach Smith in dem Journal of the British archaeol. associat. Vol. IV, S. 280. — Simpson im Monthly journal of medical science 1851. S. 250, Taf. III, Fig. 10. — Becker in den Jahrbb. für Philologie und Pädagogik LXXVII, S. 589. — Grotefend im Philologus XIII, S. 163, n. 67.

Oben auf dem Plättchen ist der Name SENIOR (verkehrt, also zum Abdruck bestimmt) eingegraben. — Der Name *Vindacius* ist völlig neu, der Name *Ariovistus* wenigstens auf Inschriften noch nicht vorgekommen. — Ueber das *Anicetum* s. die Erläuterungen zu n. 29ᵇ. — Das Mittel der vierten Seite ist leider durch Ausbröckeln des Steines unleserlich geworden; nach der Abbildung bei Simpson zu urtheilen, passt weder COENON, noch CHELIDONium; vielmehr scheinen die Reste der Buchstaben auf einen Namen wie CALLIN zu führen, so dass, da selbst das N nach Simpson's ausdrücklicher Bemerkung nicht ganz sicher ist, etwa CALLIBlepharium (vgl. Marcellus Empir. c. 8) vermuthet werden könnte.

101. Marcus Vitellius Crescens. England.

M˅VITEL˅CRESC ∥ STACT˅AD˅CLAR.

Birch in dem Archaeological journal VIII, S. 210. — Gerhard's Archaeol. Anzeiger IX, S. 40. — Klein in den Bonner Jahrbüchern XXVI, S. 174. — Grotefend im Philologus XIII, S. 163, n. 68.

An der Seite ist nach einer Mittheilung des Herrn
Professor Hübner eingeritzt V/\; an der andern SOLI.
Dass das Cognomen des Augenarztes CRESC*entis* zu er-
gänzen, konnte man, auch ehe durch Herrn Professor
Hübner's Vergleichung das C am Schlusse der ersten
Zeile festgestellt war, nicht verkennen. Ueber das
Stactum ad claritatem brauchen wir nichts mehr hier
hinzuzufügen.

102. 103. . . . . . ianus. *Reims.*

102.   ▨▨▨▨▨IANI▾NA ‖ ▨▨▨▨▨I▾AD▾LIPPI.
103.   NARDINVM.

Siehel in den Annales d'oculistique LVI, S. 260 ff.
Auch diese Inschriften verdanken wir dem oben
S. 6 und zu n. 67, 68 u. 87 erwähnten bedeutenden Funde
augenärztlicher Habseligkeiten zu Reims, und zwar ist
die Inschrift n. 103, wie die der genannten n. 67 und 68,
mehreren Fragmenten des Collyriums selbst entnommen.
Man hat vier Exemplare davon gefunden, welche in
ihrem fragmentarischen Zustande mehr oder weniger
Buchstaben der Inschrift zeigen. Die Buchstaben VM
sind kleiner als die übrigen und kaum lesbar, man sicht
aber an dem sie umgebenden Rande wie bei dem An-
fangs-N, dass das Wort NARDINVM die ganze Inschrift
einer Seite eines Stempels ausmacht. Da nun die zugleich gefundene Inschrift n. 103 ebenfalls ein *Nardinum*
enthält, habe ich nicht angestanden, die herrenlose Inschrift mit derselben zu verbinden. Was nun aber den
Augenarzt dieses letztern Stempels betrifft, so nennt ihn
Herr Dr. Siehel ohne Weiteres *Julianus* und ergänzt,
vermuthlich weil dieser Namen vorn nur drei oder mit
dem Vornamen vier Buchstaben vermissen lässt, in der

zweiten Zeile nur die Buchstaben RDIN, nimmt also das I im Anfange dieser Zeile für den letzten Strich eines N. Einen Augenarzt *Julianus* bieten uns aber die so zahlreichen in Frankreich gefundenen Stempel nicht, wohl aber einen *Flavianus* auf n. 31, einen *Marcianus* auf n. 90, einen *Quintilianus* auf n. 12 (vgl. n. 14 und 18), einen *Sabinianus* auf n. 89 (vgl. n. 13), einen *Felicianus* auf n. 45, endlich auf dem Stempel von Compiègne (n. 35) (n. 35) einen *Fuscianus* und einen *Matidianus*. Ich sehe keinen Grund, warum wir einem dieser Namen bei der Ergänzung des – – – – – IANI unseres Stempels den willkürlich aufgegriffenen *Julianus* vorziehen sollen. War aber dieser Name länger als der kurze *Julianus*, so können wir auch in der zweiten Zeile mehr als vier Buchstaben ergänzen und dürfen alsdann das I im Anfange dieser Zeile für den Ausgang des M in dem Namen *Nardinum* nehmen.

104 — 110. Stempel ohne Namen der Aerzte.

104. *Paris.*

LENE▾M▾AD▾IMPE.
AD▾CALIGINEM.
POST▾IMPETVM.
AD▾ASPRITVDINEM.

Caylus I, S. 232, Taf. XC, Fig. 2. — Gough a. a. O. S. 236. — Tôchon n. 13. — Grotefend im Philologus XIII, S. 163, n. 69.

Nur die erste Seite dieses Stempels giebt den Namen eines Mittels, das *lene medicamentum ad impetum*, wegen dessen ich auf die Erläuterungen zu n. 10 verweisen kann;

die anderen drei Seiten geben nur die Gebrauchsanweisung eines Mittels, wie sie sich auf so vielen Stempeln hinter dem Namen des Mittels finden.

105. Nîmes.

PSORICVM.
CROCODEM.
AROMATICV.
MELINV.

Tôchon d'Annecy n. 17. Taf. I, Fig. 4. — Grotefend im Philologus XIII, S. 163, n. 70.

Ueber die *Psorica* und *Diapsorica* habe ich zu n. 6 das zur Erläuterung Nöthige beigebracht. Zu dem *Aromaticum* geben Galenus Th. XII, S. 784, Oribasius III, S. 50 und Aëtius II, 3, 109 und 110 das Recept. Sonderbar ist die Form *Crocodem*, für die ich keine Analogie wüsste.

106. England.

COLLYRᵛPᵛCLᵛOC.

A. Way im Archaeological journal VII, S. 359 und in den Bonner Jahrbüchern XX, S. 176. — Simpson im Monthly journal of medical science 1851. Jan. und daraus übersetzt in den Annales d'oculistique XXVI, S. 95 f. — Grotefend im Philologus XIII, S. 164, n. 71. — Wright, The Celt, the Roman and the Saxon S. 245. — Sichel in den Annales d'oculistique LVI, S. 253.

Collyrium pro claritate oculorum, wie Herr Dr. Sichel nach meinem Vorgange liest, giebt allerdings einen besseren Sinn, als Simpson's *Collyrium post caliginem oculorum;* allein es ist doch auffallend, dass hier nicht die gewöhnliche Praeposition *ad* gebraucht ist.

107. *Cöln.*

DIAZMYRN.
ISOCHRYSVM.

Lersch in den Bonner Jahrbüchern II, S. 87, n. 20
und 21. — Overbeck, Katalog des Bonner Museums
S. 150, n. 9. — Grotefend im Philologus XIII, S. 164,
n. 72. — Brambach, Corpus inscr. Rhenan. n. 358.
Ueber *Diazmyrnes* s. die Erläuterungen zu n. 7;
über *Isochrysum* zu n. 1.

108. *Littleborough* (Nottinghamshire).

STATVS.
LᵧVIILI2LVCᵥCIVℶI.
BᵧDIASORICVM.

Gentleman's Magazine Vol. XLII (1772), S. 415. —
Simpson in dem Monthly journal of medical science
1851, S. 248, Taf. III, Fig. 8. — Grotefend im Philologus XIII, S. 164, n. 73.

Schlechte Abschrift eines leider verloren gegangenen
Steines. In der Inschrift der ersten Seite scheint STAC-
TVM zu stecken; den Schluss der zweiten Seite, die
auf den Kopf gestellt und so abgebildet ist, wie sie zum
Abdrucke geeignet ist, kann man STACT*um* A*d* CLARI-
tatem lesen; was vor diesem Schlusse vorhergeht, mag
der Name eines Augenarztes sein; die letzte Zeile enthält ein *Diapsoricum.*

109. 110. *Rouen.*

So reich unsere Sammlung von Augenarztstempeln
auch ist, so ist dennoch die Aussicht, sie mit der Zeit
noch bedeutend zu vermehren, durchaus berechtigt. Zum
Beweise der Existenz von noch zwei ferneren Augenarzt-

stempeln mag ein Auszug aus einem Aufsatze Baudry's
in de Caumont's Bulletin monumental XXXII, S. 34 f.
dienen. Es heisst dort: „Sans être à même de fournir
la liste exacte et complète des pierres-cachets ou sigillaires
exhumées depuis cette dernière époque des différents
points du territoire français et des pays voisins, nous
rappellerons que les grands travaux de Rouen en ont
livré une, en 1863, à M. Thaurin. M. l'abbé Cochet,
qui en constate l'existence dans la revue de la Normandie
(1864), dit que c'est la troisième qui ait été observée
dans le département de la Seine-Inférieure. Les deux
premières provenaient de Lillebonne" (n. 42 und 45).
„On en peut ajouter une quatrième, qui aurait aussi été
trouvée dans notre ville, au commencement des travaux
dont nous venons de parler, mais qui fut égarée presque
aussitôt."

Als n. 111 mag schliesslich der nicht eigentlich zu
den römischen Augenarztstempeln gehörige Sarder aus
der Hertz'schen Sammlung in London gelten, den der
selige Osann im Philologus VIII, S. 758 ff. so gelehrt
commentirt hat. Jedenfalls ist die Form der Inschrift
(*Herophili Opobalsamum*) denen der Augenarztstempel
ziemlich ähnlich und darf dabei wenigstens eben so viel
Anspruch auf Berücksichtigung machen, als Tôchon's
ΙΑΟΟΝΟΟ ΛΤΚΙΟΝ.

Namen der Augenärzte und Pharmaceuten.

M. A. C. 1.
P. Ael. Theophiles 2.
Antistius 3.
L. Antonius Epictetus 4.
Apollinaris 63.
L. Asuetinius Severus 5.
C. Atticius 6.
T. Attius Divixtus 7.
Axius, medicus ocularius
classis Britannicae, zu
n. 44.
M. C. Celsinus 8.
T. C. Philumenus 9.
C. Cae. Catodus 10.
L. Caemius Paternus 11.
Q. Caer[ellius?]Quintilianus 12.
C. Cap[ellius] Sabinianus 13.
Q. Carminius Quintilianus [12.]
14. 18.
M. Catulus 63.
C. Cintusminius Blandus 15.
C. Cispius 16.
Claudii 17.
T. Claudius Apollinaris 18.
Claudius Fidus Isidorus 19.
C. Claudius Immunis 20.
L. Claudius Martinus 21.
Tib. Claudius Messor 22. 23.
C. Claudius Primus 24.
Cor. 25.
C. Dedemo 26.

C. Duronius Ctet. 27.
Entimus 28.
Euelpides, zu n. 29.
Euelpistus 29.
Ferox 29ᵇ.
G. Firmius Severus 30.
Dec. Flavianus 31.
T. Flavius Respectus 32.
Flavius Secundus 47.
Flavius Theo 33.
Florus, zu n. 46.
P. Fulvius Cotta 34.
C. Fuscianus Justus 35.
Glyptus 36.
Heliodorus, zu n. 98. *
P. Helius Facilis 37.
Herophilus 111.
Hirpidius Polytimus 38.
Hirrius Firminus 5.
Hypnus 91.
Iason, zu n. 111.
Julius 6.
L. Julius Amandus 39.
T. Julius Attalus 40.
M. Julius Charito 41.
Tib. Julius Clarus 42.
C. Julius Dionysodorus 43.
L. Julius Docilas 44.
M. Julius Felicianus 45.
C. Julius Florus 46.
L. Julius Juvenis 47.

C. Julius Libycus 24.
Q. Julius Murranus 48.
C. Julius Musicus 32.
M. Julius Satyrus 49.
Sex. Julius Sedatus 50.
L. Julius Senex 51.
T. Julius Victor 52.
T. Junianus 53.
Junius Helius oder Heli-
odorus 10.
L. Junius Philinus 54.
Q. Junius Taurus 21. 55—59.
Juvenalis 60.
M. Juventius Tutianus 61.
M. Latinius Hermes, zu n. 62.
L. Latinius Quartus 62.
Latinus 6.
Sp. Lentius Superbus (?) 39.
T. Livius 63.
T. Lollius Fronimus 64.
C. Luccius Alexander 65.
C. Luc. Sabinus, zu n.28,Anm.
Marcellinus 66. 67. 69.
Marcus 99.
Maritumus 70.
S. Martinius Ablaptus 71.
T. Martius Servandus 63.
M. Messius Orgilus 72.
Minervalis 73.
Munatius Tacitus 74.
Natalinius Victorinus 75.
S. P. E. 90.
L. P. Villanus 76.
Paulinus 77.
Philumenus, zu n. 9.
Phronimus 78.
Sc. Po. Calenus 79.

Sex. Pollenius Sollemnis (zu
n. 79.) 80.
Pompejanus 74.
Q. Pomponius Graccinus 81.
L. Pomponius Nigrinus 82.
Proclus Rheginus, zu n. 83.
u. 84.
Proculus 83.
Quintilianus 12.
Reginus 84.
C. Romanius Stephanus 84b.
Romanius 85.
Sex. Romilius Symforus 86.
C. Ru. Plotinus 87.
Sabinianus 13.
L. Saccius Menander 88.
C. Sat. Sabinianus 89.
Senius Matidianus 35.
L. Sextius Marcianus 90.
L. Silius Barbarus 46.
C. Sulpicius Hypnus 91.
Terentius, zu n. 24.
L. Terentius Paternus 92.
Terentius Velpistus,zu n. 29.
Theodotus, zu n. 59.
Theophiles, zu n. 2.
M. Ulpius Heracles 93. 94.
M. Urbicius Sanctus 95.
L. Valerius Latinus 96.
Q. Valerius Sextus 97.
L. Varius Heliodorus 98.
M. Vicellius Herostratus 99.
T. Vindacius Ariovistus 100.
L. Virius Carpus 62.
G. Vitalius Amandio 97.
M. Vitellius Crescens 101.
. . . . . ianus 102. 103.

Namen der Collyrien, die auf den Augenarztstempeln genannt werden.

Acharistum 38.

Acre 28.

Album lene medicamentum ad impetum lippitudinis 10. — ad lippitudinem oculorum 31.

Ambrosium ad caliginem et claritatem 26. — opobalsamatum ad claritatem 44.

Anicetum 100. — ad aspritudines 29ᵇ. — ad diatheses 86.

Anodynum ad omnem lippitudinem 56.

Apalocrocodes ad diathesis 96.

Aromaticum 105.

Atramentum 63.

Authemerum ad epiphoras et omnem lippitudinem 59. — ad impetum 9. — ex ovo 82. — lene ex ovo, acre ex aqua 11. — stactum opobalsamatum ad cicatrices 79.

Basilium ad ch. 46.

Bis punctum ad epiphoras 60.

Chelidonium 6. 99. — ad caliginem 27. 80. 88. — ad claritatem 13. — ad genarum cicatrices 11.

Chloron 97. 100. — ad claritatem 13.

Chrysomelinum ad claritatem 53.

Cirron 83.

Coenon ad aspritudines et claritates 20. — ad caliginem 95. — ad claritatem 2. 91.

Collyrium Aegyptiacum opobalsamatum ad claritatem 70.

Collyrium mixtum 31.

Collyrium pro claritate oculorum 106.

Crocodes 12. 71. 74. 99. 105. — ad aspritudinem 11. 37. 51. 60. 65. 85. — ad diatheses 50.

Crocodes Dialepidos 40. 50. — ad aspritudinem 14. 91. — ad cicatrices et scabritiem 57.

Crocodes Diamisyos ad diatheses 44. — et rheumatis epiphoras 57.

Crocodes Paccianum 50. — ad cicatrices et rheuma 57.

Crocodes Sarcofagum ad aspritudines 57.

Cycnarium ad impetum 93. 95.

Cycni 66.

Diaceratos 1. 45. — iodes*) ad suppurationes et veteres cicatrices 24. — lene 89.

Diacholes 35.

Diachylon 40.

Diacinnabareos ad claritatem oculorum 44.

Diaelydriu (?) 40.

Diaglauceu 38.

Dialepidos 12. 60. 92. — ad aspritudinem 3. 42. 49. 65. 66. 68. 76. 83. tollendam 90. — ad aspritudinem et cicatrices 54. — ad cicatrices oder veteres cicatrices 25. 66. 79. 98. — ad claritatem 18. — ad diatheses 4.

Dialepidos Crocodes 10. 40. — ad aspritudines 14. 91.

Dialibanu ad impetum 42. ex ovo 7. 73. — ad omne ulcus oculorum ex ovo 23. — ad suppurationes 49. ex ovo 56.

Diamisyos (Diamisus, Diamysus) 10. 32. 94. — ad aspritudines 62. 98. — ad cicatrices 4. 37. — ad veteres cicatrices 7. 8. 19. 39. 42. 43. 53. 61. 79. complendas 90. — ad diatheses 75. 81. 86. tollendas 54.

Diapsoricum 6. 41. 77. 85. 99. 108. — ad caliginem 13. 21. — ad genas scissas et claritatem 54. — ad scabritias 88.

Diapsoricum opobalsamatum 15. — ad claritatem 20. 29. 32. 47. 62. 78. 87.

Diarhodon 71. 86. — ad fervorem 41. — ad impetum 4. 35. 93. — post impetum 42.

Diarices ad diatheses 94.

---

*) Ein nachträglich von Herrn Martin - Daussigny gesandter Siegelabdruck hat mich davon überzeugt, dass hinter DIAC ein Punkt steht, also die Lesung *Diaceratos* nicht zu bezweifeln ist; vor dem ES der zweiten Zeile fehlt nur ein Buchstabe, vermuthlich ein D. Uebrigens hat der Stempel nur SVPPVR. nicht SVPPVRAT.

Penicillum authemerum ex ovo 44.

Phoebum (?) ad quaecumque delicta a medicis 53.

Psoricum 36. 105.

Pyxinon 40.

Smecticum 71.

Spongia lenis 15.

Stactum 16. 36. 37. 83. 108. — ad claritatem 4. 5. 12. 18. 95. 101. 108. — ad genas scissas et claritatem 11. — ad scabritiem et claritatem 21. — delacrimatorium 58.

Stactum Ael. (?) 2.

Stactum Diasmyrnes contra cicatrices (?) 16.

Stactum opobalsamatum 5. 10. — ad caliginem 22. 48. 97. — ad claritatem 32. 54. 91.

Stratioticum 93.

Terentianum Crocodes ad aspritudines et cicatrices 24.

Thalasseros 71. — ad claritatem 53. 93. — delacrimatorium 88. 90.

Theochristum ad epiphoras ex ovo ter 26.

Theodotium ad omnem lippitudinem 59.

Tipinum (?) 94.

Turinum ad cicatrices 67. — ad suppurationes oculorum 9. 24. — ex ovo 72.

Ohne Namen sind auf den Stempeln aufgeführt:

> *ad aspritudinem* 104.
>
> *ad caliginem* 104.
>
> *ad caligines et scabritias omnes* 65.
>
> *ad diatheses tollendas* 84[b].
>
> *ad recentes cicatrices* 84[b].
>
> *ad siccam lippitudinem et claritatem* 33.
>
> *ad suppurationes et oculorum pustulas* (?) 33.
>
> *post impetum* 104.

Fundorte von Augenarztstempeln.

In Frankreich:

Aleria (Corsica) 84.
St. Aubin-sur-Gaillon 86.
Autun 34.
Avignon 27.
Bavay 4. 19. 39. 46. 85.
Bayeux 1.
Beauvais 79.
Besançon 28. 44. 88. 89.
Bourg 70.
Brumath 10.
Carbee-Grestain 64.
Cessi-sur-Tille 24.
St. Chéron 8.
Compiègne 35.
Cond-sur-Ton 69.
Daspich 97.
Dijon 6. 41.
Entrains 92.
Famars 22.
Honfleur 52.
Ingweiler 90.
Lillebonne 42. 45.
Lyon 11. 15. 29[b]. 38.

Mandeure 3. 20. 91. 95.
St. Marcoulf 12.
Metz 76.
Nais 21. 54 — 59.
Neris 83.
Nimes 17. 74. 105.
Nuits 26.
Orange 60.
Paris 31. 33. 40. 77. 98. 104.
St. Privat d'Allier 80.
Reims 5. 30. 67. 68. 87. 102. 103.
Rouen 109. 110.
Selongei 72.
Seppois le Haut 29.
Thérouanne 25.
Thouri 9.
Vervins 99.
Viehy 16.
Vienne 37.
Vieux 71.
Villefranche 84[b].
Ohne nähere Angabe des Fundortes 82.

In Grossbritannien:

St. Albans 47.
Bath 53.
Cirenecster 73.
Colchester 48.
Goldenbridge 61.
Kenchester 100.

Littleborough 108.
London 50. 51. 111.
Tranent 96.
Wroxeter 23.
Ohne nähere Angabe 49. 101. 106.

In Deutschland und Oesterreich:

Cöln 107.

Gotha 18.

Jena 78.

Karlsburg 7.

Mainz 14.

Riegel 62.

Wien 36. 75.

Wiesbaden 63.

Worms 32.

In den Niederlanden und Luxemburg:

Dalheim 81.   Maestricht 65.   Nimwegen 93. 94.

In Italien:

Genua 13.   Siena 2.   Verona 43.